我的第一個賺錢ETF投資組合

宋民燮
SUPE TV

—— 著

나의 첫 ETF 포트폴리오

布局美股、全球ETF、最強懶人投資法，被動收入穩穩賺

聲明

1. 本書所出現的主要人名、地名、機構名稱、商標名稱等，皆以韓國國立國語學院外來語標示法作為依據，部分名稱依照慣例標示。原文標示之部分僅限於人名與需要解釋之概念，為提高可讀性，機構名稱與商標名稱之原文已各別於索引進行統整，不再另行標示。

2. 本書的資料以 2022 年 2 〜 3 月本書撰寫之當下為基準，出處部分已收錄於附錄。

3. 本書所出現的元，意指美元。

投資人最重要的資質，
不是理性，而是耐性。

——華倫・巴菲特（Warren Buffett）

我決定要
安心做投資

　　我們在投資的時候，總會有各種情緒湧上心頭。就像新冠肺炎爆發時一樣，股價因無法預期的危機跌到谷底，讓我們痛不欲生，但股價也會因為特別的利多而上漲，讓我們一整天都笑得合不攏嘴。小時候跟我毫無瓜葛的新聞，現在的我竟然會每天自己找來看，而且還是經濟相關的新聞。一直認為與我無關的半導體循環（長期價格上漲趨勢），現在我卻覺得很重要，還會每天反覆看好幾次美國聯邦公開市場委員會

（FOMC）的會議記錄，好似我有參加那場會議一般。你也每天都過著這種日子嗎？

如果你的回答是「是」，那我想問一個問題，你認為這樣的投資方式正確嗎？當然，投資沒有所謂的正確答案。但是假如你並不喜歡，卻強迫自己以這種方式投資股票，而且股票投資正帶給你壓力，就算投資有所獲利，我認為這也不是正確的投資方式。如果你並不熱愛學習財經知識，並不享受探索新的投資標的與設定投資策略，又或者你不是從事這類職業的人，我認為最好要退一步離開這種投資方式。因為投資股票的時候，最重要的就是不讓自己感到厭煩。

為什麼呢？因為股票投資之美好，來自於複利。假設我們從 1926 年到 2021 年為止投資了美國 S&P500，在這段期間裡，不管你選擇在什麼時間點進場，二十年過後都一定會獲利。所以說放長遠來看，市場一直在持續走揚。如果把過程中的獲利再度拿來投資，重複下來就會獲得好的成績。投資大神巴菲特從十四歲開始投資，至今已經九十三歲，他持續透過投資積累資產。但假如，我們選擇了不適合自己的方法，結果因此疲憊不堪，短時間內停止投資，失敗的機率就會升高。

但是隨便買一支股票，然後長時間擺著，就都會成功嗎？在這個地方，巴菲特跟我們有著一個不同之處。巴菲特能夠親自判別自己所投資的企業，以及擁有把這些股票組合成投資組合的能力，但是我們無法做到；也就是說，一般散戶難以像巴菲特一樣在股票投資上獲利。

但是現在放棄還太早了。股票投資對散戶不利這句話，已經是三十年前的事了。隨著技術的發展，每個人都可以隨時隨地輕鬆投資，各式各樣投資商品的問市，也使得每個人都可以跟巴菲特一樣，利用複利投資持續獲利，其中最具代表性的例子就是 ETF（Exchange Traded Fund）。

ETF 指數型基金於 1993 年初次登場，是在交易所上市的商品，可以像一般股票一樣被交易。世界最初的 ETF 為 SPY，是一檔追蹤 S&P500 指數的商品，簡單來說，是根據標準普爾所選出的 500 檔普通股股價指數進行投資的商品。巴菲特在所自己寫的遺書中，甚至要求要將自己 90% 的資產投資到指數追蹤型 ETF，給予 ETF 正面的評價。

ETF 可以幫助我們脫離為一則新聞戰戰兢兢、飽受壓力的投資狀態，讓我們以更放鬆的心情投資，因為他不是一支個股，

而是投資產業或整體市場的商品，也就是一種眺望森林型的商品。一支 ETF 裡，少則包含數十家，多則包含數千家企業。利用 ETF 投資，組成投資組合，就可以享受分散投資的效果，達成不虧損的投資。此外，ETF 對於財經新聞、FOMC 會議、企業業績等各種經濟議題反應較不敏感，因此可以更加專注在自己的本業，同時也能進行投資。

我個人目前正經營著一個以經濟、理財為主題的 YouTube 頻道「SUPE TV」，以趨勢分析和專業的內容，廣受剛開始投資股票、正在準備長期投資的各世代觀眾所喜愛。我之所以寫這本書，是因為我了解投資的必要性，所以我想要把 ETF 這個優質的替代方案，告訴這些不知如何應對企業不確定性的投資初學者，幫助他們能夠安心長期投資。我想把這十年來自己所學的 ETF，全數分享給夢想著財富自由的人們。

本書前半部講述了 ETF 相關的基礎知識，幫助初學者也能輕鬆了解什麼是 ETF。接著我會帶大家一起看技術股、配息股、中小型股等各種 ETF，根據各種主題與目的，介紹 ETF 的投資方法。另外我也會從小額定期定額投資開始，一直到大額投資為止，按照金額、生命週期介紹投資組合的設計方法，幫助各

位能夠打造出一個屬於自己的投資組合。最後我會介紹投資組合比例調整的祕訣，以及各位初學者最好奇的 ETF 相關問題。透過這本書，你將可以了解什麼是簡單又輕鬆的投資。

投資是一場馬拉松。想要穩定實現期望的收益，就必須持續長時間投資；然而，這個過程比想像中更無趣，所以我們要培養出不會疲憊、可以持之以恆的體力。而且每個人天生的體質與體型都不一樣，如果想要培養出投資的體力，就不應該盲從他人的方法，而是要執行適合自己的訓練。

培養體能的訓練，要從架構屬於自己的投資組合開始。希望各位都可以根據本書所介紹的 ETF，打造出屬於自己的投資組合，開始一場安心的投資。只要可以這樣投資十年，就可以切身感受到人生的不一樣。這本書將帶領你邁向幸福未來的第一步。

宋民燮（SUPE TV）

目錄

PART 3　我的第一個 ETF 投資組合

PART

1

ETF
正式啟程

⑤ 第1章 ⑤

現在必須關注
ETF 的原因

華倫・巴菲特喜歡 ETF！

有人問二十世紀最具代表性的美國企業家兼投資家、被譽為投資鬼才的華倫・巴菲特：「如果要寫遺書，你會寫下什麼？」，巴菲特回答「把財產的 90％ 拿去投資指數型基金（ETF）」。隨著這個故事傳開，現實生活中開始投資 ETF 的人愈來愈多。當然，我也是其中一人。

ETF 是 Exchange Traded Fund 的縮寫，翻譯過來就是「指數股票型基金」，是資產管理公司所經營的投資商品之一，他們

會根據特定的股票指數，上市以各種股票組合而成的指數基金，讓 ETF 可以像股票一樣被交易。

巴菲特對 ETF 的喜愛，也是股東大會上經常被提到的話題。關於這件事，有一個非常著名的軼事。2008 年，一家對沖基金與巴菲特展開為期十年的投資報酬率賭注，巴菲特投資追蹤指數的 ETF，對沖基金公司則指派實力堅強的基金經理人交易五支基金，相互較勁十年後誰的報酬率會比較高。但是在離期滿還有一年之久的 2016 年，對沖基金公司宣布投降；比較了這九年來的報酬率，結果巴菲特的 ETF 是 85.4％，對沖基金公司是 22.0％，兩者相差將近四倍之多，巴菲特完美取勝。這則軼事著實讓世人感受到 ETF 的魅力。

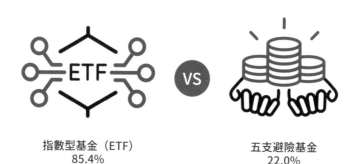

指數型基金（ETF）
85.4%

五支避險基金
22.0%

表 1. 指數型基金與避險基金的報酬率

勝利的巴菲特淡然地道出自己能輕鬆取勝的原因。他說，這十年來他什麼都沒做，就把錢放在 ETF 裡，所以只支付了 0.03 ～ 0.2％左右，非常低廉的手續費。反之，對沖基金商品的手續費中，包含了管理費（投資金額的 2％）與績效獎金（收益的 20％）等經理人津貼，手續費非常昂貴，所以報酬率肯定會比較低。由於對沖基金的報酬率愈高，經理人津貼也會水漲船高，因此，這成了一場時間愈久，對巴菲特愈有利的遊戲。這一次的勝負，重新樹立了報酬與津貼在大眾心中的意識，證明了這些因素會成為投資的絆腳石。

　　過去，資產管理公司主要銷售以企業組合作為投資標的的基金商品，這些產品由基金管理人負責管理，所以散戶不能隨時直接交易，只能透過基金經理人定期發送的報酬率報告書了解現在的投資標的與報酬率的表現如何。對於想要快速交易，或不想受到他人干涉的投資人而言，這是一個不合適的產品。然而，ETF 改善了這項缺點，投資人可以像交易股票一樣直接交易 ETF，不需要透過基金經理人進行交易，所以手續費也較低廉。

　　韓國的投資人目前也正在關注 ETF。最近幾年來，人們漸漸開始對股票投資感興趣，ETF 的投資人數也持續攀升。2002

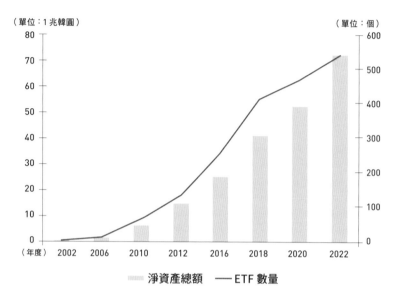

（單位：1 兆韓圓）　　　　　　　　　　　　　　　　（單位：個）

表 2. 韓國 ETF 市場淨資產總額與上市發行數量趨勢 (基準月份：2022.2)

年 ETF 剛推出的時候，股票數量僅有 4 檔，淨資產也只有 3444 億韓圓（約 82 億台幣），但是截至 2021 年底，韓國 ETF 市場的淨資產總額已經超過 70 億圓，ETF 的數量增加至 526 檔。特別是開放年金儲蓄與退休基金可以投資在韓國國內上市的 ETF 之後，ETF 的交易又更加熱絡。現在各家資產管理公司，也如火如荼地籌備著各式各樣的 ETF 商品。

主動投資 vs ETF 投資

隨著貨幣持續貶值，消費者物價不斷上漲，投資已成為必須，而不是一種選擇。仰賴銀行存款，等同於只透過儲蓄理財，不僅難以跟上飛漲的物價，也很難累積資產。我們去餐廳用餐的時候，不難看到因為原物料成本上漲而調漲售價的公告，韓國星巴克也在睽違七年六個月後，調漲了美式咖啡的售價。就算我們吃著相同的食物、穿著一樣的衣服、過著同樣的生活，卻要付出更多的金錢。更令人衝擊的是，回頭想想自己的所得是否也跟隨著調漲，就會發現並沒有。

明明知道如果不採取行動肯定會吃虧，但思考要怎麼著手開始投資卻又令人感到茫然。一定有些人會盲目跟大眾開始投資股票，結果沒賺到錢只有虧錢的份，下定決心認為「股票不適合我，我不要再嘗試了」。但是股票投資沒有絕對正確的方法，不管是哪一檔股票，只要能低買獲利就是好事，倘若高買虧損就是壞事。

每個人適合的方法都不一樣。有些人偏好快速獲利，不喜歡花太多時間勤於投資；有些人即使獲利速度較慢，還是偏消耗較少時間和情感的方法。如果你不想要在股票上投入大把時

間，想要用超越餐廳漲價速度的方式累積資產，又不想要承受太大的壓力，同時又想要賺到高於銀行利息的收益，也就是說如果你想要在執行懶人投資的同時又能不落人後，就可以把本書當作是一本指南手冊。

懶人投資，要怎麼樣才能獲利呢？想找到這個問題的答案，就只需要思考股票投資與 ETF 投資之間的差異。投資股票的時候，我們會去閱讀目標企業的財務報表，確認過去幾年來的銷售額、淨利、EPS、配息數據後，考慮該產業的前景以及該企業的市占率，再決定是否要投資。不僅如此，每一季還要再重新確認已經看過的數據，接著再繼續投資。準確的分析與持續的觀察必須兼容並蓄，才能得出漂亮的報酬率。

但如果你不是像我一樣，喜歡投資，喜歡預估企業的未來價值，那麼股票投資的所有過程都會讓你感到非常痛苦。如果光是想像這件事就讓你感到無比的厭煩與討厭，那麼投資 ETF 是最適合的。

以追蹤美國股票市場上最具代表性的 S&P500 指數的 ETF —— SPY 為例，SPY 是投資美國 500 家美國上市優良企業的商品，這些企業分布在資訊科技、金融、醫療保健、消費

品等各種產業之中。所以說，這 500 家企業中，倘若有一間公司倒閉，SPY 也不會倒，只會受到五百分之一的衝擊而已。雖然根據該公司的總市值多寡，影響程度會有所不同，但是 SPY ETF 本身不會遭到下市。假如倒閉的企業從 S&P 500 中退出，順位第 501 號的企業就會被納入成分股，SPY ETF 自然會開始繼續投資新企業。但是假如你直接投資這一家企業，就必須完全承擔這些風險。

上述這些作業都不是由投資者個人直接操作，而是會由管理 ETF 的資產管理公司進行。整體而言，投資人只要在開始的時候決定要投資或是不投資，其餘的一切就會由資產管理公司自行處理，只需要支付等同於手續費的費用，總費用率一般來說是 0.03 ～ 0.8％左右，會像手機通話費一樣以日計算，涵蓋在預估收益之中。如果把這筆錢當作是守護珍貴的時間與情感的費用，就是一筆值得付出的代價。

不過投資 ETF 也不代表就可以完全不做功課。如果決定要投資追蹤美股的 ETF，當然就要從利率、FOMC 的決策、油價等宏觀角度考慮美國市場的未來。如果投資電動車相關的 ETF，就必須關注電動車產業的前景、銷售量、滲透率等該產

業相關的未來。但是我們不需要逐一去觀察其中的每一家企業，也就是說，看待投資的角度會有所改變。

比起投資單一企業，投資該企業隸屬的整體產業，失敗的機率較低，又可以達到分散投資的效果，有利於風險管理。關於這點，我們可以用過去的案例進行佐證。2000 年的時候，全球總市值排行依序是思科、微軟、諾基亞、英特爾、甲骨文；然而，2022 年則是 Apple、微軟、沙烏地阿拉伯國家石油公司、Google、亞馬遜。2000 年世界前十大總市值排行中的企業，只有微軟一家生存了下來。2000 年當時各界爭論的是，英特爾與 IBM 中，哪一家公司才是肩負電腦產業未來的企業，所以我們很難忽視這些聲音選擇微軟。

但假如投資相關的 ETF，就算之前榜上有名的企業遭到下市，或者是因為業績表現不佳股價走跌也沒關係，因為 ETF 會定期再平衡（資產配置重新調整），該企業的投資比重會被調降，或者是會直接從投資名單中剔除。假如，我們從 2000 年起開始投資 S&P 500 指數追蹤型 ETF，ETF 會自動於 2000 年時針對思科系統、2022 年時針對蘋果，提高投資比例。

排名	總市值排名	
	2000 年	2022 年
1	思科系統	蘋果
2	微軟	微軟
3	諾基亞	沙烏地阿拉伯國家石油公司
4	英特爾	Google
5	甲骨文公司	亞馬遜
6	IBM	特斯拉
7	易安信公司	波克夏・海瑟威
8	索尼	輝達
9	北電網路	Meta
10	愛立信	台積電

表 3. 2000 年與 2022 年總市值排行比較

　　當然，投資 ETF 也有缺點。指數追蹤型產品無法獲得超出市場的報酬率，假如 2021 年直接投資蘋果，現在將會有近 50％的獲利；反之，如果投資 S&P500 指數的話，報酬率只會落在25％左右。雖然 25％也不是一筆小數字，但假如自己很了解想投資目標企業，並對該企業的未來給予高度評價，直接投資該企業股票可能會是更好的選擇。主動投資與 ETF 投資都各有優缺點，但倘若目標是想要用懶人投資穩穩獲利，不可否認，ETF 投資法是更具吸引力的方法。

很苦惱到底要選擇主動投資還是 ETF 投資嗎？其實我們沒必要二選一，針對自己熟悉的產業可以直接投資，不熟悉但是有前景的產業採用 ETF 投資就可以了。投資的時候，根據情況，隨時靈活應對很重要。

身為韓國人的我投資美國 ETF 的原因

孫興慜是韓國非常引以為傲的足球選手。2021 年孫興慜以每週 20 萬鎊（約 3 億韓圓）的年薪與英格蘭足球超級聯賽球隊托特納姆簽約，一個月可以賺進 12 億韓圓。

假如，孫興慜選手沒有進入英格蘭足球超級聯賽，選擇留在韓國國內的聯賽中，有辦法簽到如此高額的年薪嗎？因為他進軍英國這個足球狂熱且大量消費的全球市場，才得以領到符合自己實力的待遇。如果孫興慜選擇活躍於英格蘭足球超級聯賽這個全球足球市場之中，那麼對身為散戶的我而言，全球金融市場舞台就是美國，而且在這個市場上，我會比在韓國市場更能穩定獲利。

我從 2011 年開始投資韓國國內的股票市場，接下來五年的時間裡，我經歷了令人厭煩的箱型 KOSPI（譯註：韓國股市長期以

來都在箱型整理中震盪，股價難以突破新高，所以韓國人都戲稱KOSPI是箱型KOSPI），我研究也投資過價值股、題材股、配息股等所有可以賺錢的股票，以及與此相關的企業；但是對我而言，韓國的股票市場就像是傾斜的運動場一般。我也體悟到身為散戶，要從中大舉獲利真的很困難。後來我下定決心投資生技業，結果卻犯下錐心刺骨的失誤。

但是我並沒有因此放棄，我開始把眼光放向海外。隨著我開始投資美國股市，才發現國外真的有很多像三星電子一樣的企業。友善股東的企業還會發放股利給投資人，在美國，竟然有40幾家企業，在五十多年來都在調漲股利，如果可以投資其中一家企業，每年股利都在調漲，那我的退休生活就會更游刃有餘了吧？當然，也有專門投資這些持續調漲股利企業的ETF商品。

我們一般都會苦惱「應該要投資韓國股票還是美國股票」，也許對於韓國人來說，我所說的話會令人感到有點難過，但是就理性而言，這個問題其實是一種近鄉偏差的觀點。我們試著換一個問法吧？「全球市場上應該要投資哪一個國家？」

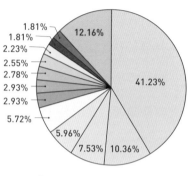

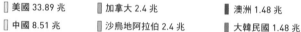

▨ 美國 33.89 兆	▨ 加拿大 2.4 兆	▨ 澳洲 1.48 兆
▨ 中國 8.51 兆	▨ 沙烏地阿拉伯 2.4 兆	▨ 大韓民國 1.48 兆
▨ 日本 6.19 兆	▨ 印度 2.28 兆	▨ 其他
▨ 香港 4.89 兆	▨ 德國 2.09 兆	
▨ 比利時 4.07 兆	▨ 瑞士 1.83 兆	（單位：美元）

表 4. 2019 年全球股票市場規模

企業	國家	總市值（美元）	總市值（韓圜）
蘋果	美國	2 兆 8198 億	3373 兆
微軟	美國	2 兆 2526 億	2694 兆
沙烏地阿拉伯國家石油公司	沙烏地阿拉伯	1 兆 9973 億	2389 兆
Google	美國	1 兆 5928 億	2158 兆
亞馬遜	美國	1 兆 5928 億	1905 兆
特斯拉	美國	9533 億	1140 兆
波克夏·海瑟威	美國	7049 億	843 兆
輝達	美國	6624 億	792 兆
Meta	美國	6015 億	710 兆
台積電	台灣	6014 億	709 兆

表 5. 全球企業總市值排行（基準月：2022.2）

從「表4」可以看到，全球股票市場規模排名第一的美國，占總體市場41.23%，排名第二的中國是10.36%，然而韓國只有1.81%，無法擠進前十名的排行之內。此外，從「表5」上來看，以2022年2月來說，全球總市值前十大企業中，有八家是美國企業。也就是說，美國的市場規模超出韓國市場十倍之多，更有著許多像三星電子一樣的企業；所以，想要透過投資取得好成績的機率也比較高。如果試著比較KOSPI與S&P500的成長率，就更容易理解這個道理。在這樣的情況下，投資哪一個市場才是好的選擇呢？

投資美國股市還有另外一個好處，就是會自然連帶投資美元。美國股市必須要使用美元投資，所以帳戶裡會建立美元資產，同時承受匯率風險。不投資美國股票的人，資產大部分是房地產或現金，有很高的機率是由韓圓所組成。在這種情況下，假如韓國經濟發生利空時，便很難進行風險管理。

我們回想一下，過去發生IMF事件與雷曼兄弟事件等經濟危機的時期。假如當時只有投資韓國境內市場，就會經歷匯率飆漲、資產縮水的情況。舉例來說，當匯率從1美元可以兌換1000韓圓，上漲至2000韓圓的話，在韓國價值10億韓圓的大樓，

在海外只要用 5 億韓圓就可入手；此外，由於經濟狀況不佳，可能連帶大樓價格下跌，只要用 2 ～ 3 億韓圓就可以買入。實際上，當時居住在海外的人，就得到可以用自己手邊的美元，低價買進韓國房地產與股票的機會。

那麼，究竟是投資美國的一般股票比較好，還是投資 ETF 比較好呢？投資者對於海外 ETF 熱愛的程度與日俱增，所以，美國 ETF 市場的規模也不斷增長。例如，光是一檔在美國廣受歡迎的 SPY ETF，淨資產總額就超過 450 兆韓圓，高達韓國整體 ETF 淨資產總額的七倍。大量資金湧入美國 ETF 市場，使美國 ETF 成為獨霸全球股票市場的代表。

為了回答究竟投資美國個股好，還是投資 ETF 比較好的問題，讓我來舉一個例子吧。如果想到「線上購物」，會想到韓國企業中的 Naver 與 Coupang，那麼全球企業中就是亞馬遜。全球線上購物的交易金額，數年來持續上漲，電子商務的市場前景預估未來仍是一片光明，我們當然也就會想要投資稱霸全球電商產業的亞馬遜，對吧？

讓我們來看一下亞馬遜的股價。以 2022 年 2 月為例，每股是 3000 美元，換算成韓圓約 350 萬左右。2020 年韓國上班族平

均月薪是 320 萬，也就是說，一股亞馬遜股票比一個平凡上班族的月薪還貴。韓國個人月均生活費為 132 萬韓圓左右，扣除生活費之後，必須要兩個月才能買到一股，這對於剛開始要投資美國股票的新手而言，無非是令人絕望的消息。如果想要將風險降到最低，除了投資亞馬遜以外，還必須分散投資蘋果、微軟、Google 等各家企業，花兩個月只買一股亞馬遜股票不是聰明的選擇。

這個時候，投資 ETF 就是良好的替代方案。海外 ETF 中，有一檔名為 XLY 的 ETF，裡面有涵蓋亞馬遜。XLY 的價格在 2022 年 2 月是 181 美元，約為 21 萬韓圓，連亞馬遜一股的十分之一都不到。

XLY 是一支投資各家非必需消費品（consumer discretionary）企業的 ETF，買進 XLY 就可以達到分散投資 64 家企業的效果。這裡所謂的非必需消費品，簡單來說，就是依照消費者消費能力高低，消費模式也不同的產品。像是亞馬遜、麥當勞、Nike、星巴克等，都是非必需消費品的相關企業，而且 XLY ETF 裡也都包含了上述所有的企業。買進 XLY，除了投資亞馬遜以外，也等同於投資了 Nike 與星巴克。

你會想要花 350 萬元買進 1 股亞馬遜，還是花 21 萬韓圓，分散投資包含亞馬遜在內的 64 家非必需消費品的全球企業？答案根據投資特性雖然會有所不同，但是資金不多，想要以每月積累的方式投資的話，後者會是更明智的選擇。

持有作為主要貨幣的美金資產，不僅是降低投資風險的防禦對策，也是資產配置的第一步。不管是直接投資海外企業，或者投資以題材分類的海外 ETF，希望各位要釐清自己的資產是如何配置，且務必要讓投資組合更為多元。

ETF 的五大優點

到目前為至，我們已經看完為什麼要投資 ETF 的原因。在正式開始了解 ETF 投資方法之前，最後，我想幫各位整理投資 ETF 的五大優點。

第一點，可以投資各種產業。投資 ETF 的話，基本上就可以匯集上市企業，根據指數和產業進行投資，還可以進一步擴展到房地產、債券、黃金、白銀、原油等其他投資商品。ETF 的種類眾多，資產管理公司除了推出追蹤代表性指數的 ETF 以外，也積極推出符合消費者需求的 ETF 商品。

第二點，可以用小額資金達到分散投資的效果。如同前面所述，ETF 可以提供用小額投資的機會，讓我們可以投資像亞馬遜一樣每股單價昂貴的企業；也就是說，ETF 可以成為個股的替代方案。除此之外，還可以讓不會自行建立投資組合的投資人，輕鬆做到分散投資。

第三點，ETF 是一個發揮基金優勢，彌補基金缺點的商品。散戶即便沒有自己建立投資組合，也不需要向基金一樣，支付管理公司高昂的費用，手續費較為低廉，還可以像個股一樣，隨時按照自己的想法，簡單又快速地交易。

第四點，可以做到間接投資，降低企業分析的壓力。如果投資追蹤美國 S&P 500 指數的 ETF，就不需要額外評估企業的財務報表或未來價值，只需要觀察美國股票市場整體的走勢，就可以輕鬆投資。

最後，第五點，ETF 也可以像股票領股利一樣，領取分配收益。美國股票投資其中一個誘人之處，在於投資配息股。如果投資由配息股組合而成的 ETF，ETF 就會按照各家公司的股利，發放分配收益。

各位也許對於 ETF 的用語還感到有些生澀，也不知道要如

何開始投資。但是不需要擔心，只要閱讀到最後，除了一定能夠了解ETF以外，你還可以領悟出什麼是適合自己的投資組合，制定出屬於自己的投資策略。

總整理 **ETF 的五大優點**

1. 有許多各種產業的投資商品和主題商品。

2. 能夠利用小額達到分散投資的效果。

3. 費用比基金更低，亦可即時交易。

4. 可以間接投資，企業分析的壓力較小。

5. 可以像股票領股利一樣，領取 ETF 分配收益。

第2章

投資 ETF 前
必懂的基礎常識

分析 ETF 的名稱

投資海外 ETF 的時候，我們所看到的 QQQ、SPY 等三至四個字的英文字母，並非 ETF 的正式名稱。這只是為了便於辨識股票所使用的別稱，我們稱之為「股票代號」（ticker）。

但是在韓國，我們使用股票代碼而非股票代號，也就是說，我們是使用數字來區分股票。以追蹤 S&P 500 指數的 ETF 為例，在國外會使用 SPY、VOO、IVV 等股票代號；但是在韓國，則是使用 360750、360200 這類的代號。

這五檔 ETF 都追蹤 S&P 500 指數，但是因為管理公司不同，所以股票代號或代碼不相同。那麼，報酬率會一樣嗎？報酬率也會有些許差異。每一家公司管理 ETF 的方式不同，誤差值也不同，所以即便追蹤相同的指數，手續費也 100% 不同。所以說，假如想投資的產業有很多支 ETF，最好從中選擇總費用和追蹤誤差率最低的商品。

我們從股票名稱就可以看出 ETF 的特性。例如 SPY 的正式名稱是「SPDR S&P 500 ETF Trust」，前方的 SPDR 是管理公司道富集團的商標名稱，後方的 S&P 500 是該 ETF 追蹤的指數。VOO 的正式名稱是「Vanguard S&P 500 ETF」，我們就可以推論出，這是由先鋒領航所管理的 S&P 500 指數追蹤型 ETF，對吧？

韓國國內的 ETF 也是一樣，我們也能從股票名稱得知 ETF 的特性。股票代碼 360750 的正式名稱為「TIGER 美國 S&P500」，前面的 TIGER 是未來資產管理公司的商標名稱，後面的美國 S&P500，表示這支 ETF 追蹤的是美國 S&P 500 指數。

我們再來看一檔更複雜的韓國股票名稱吧？有一檔 ETF 的名稱是「KODEX 美國那斯達克 100TR」。逐一拆解的話，

KODEX 是三星資產的品牌名稱,美國那斯達克 100 是 ETF 追蹤的指數名稱,最後面的 TR 是「Total Return」的縮寫,意指 ETF 投資所產生的股利不會當成收益分配給投資人,而是會自動再投資。

補充一點,如果後面有加上「(H)」的字樣,代表這是匯率防禦型產品。也就是說,倘若我們投資美國,可以防止我的資產報酬率跟著美元的匯率變動。

類別	代號 / 代碼	正式名稱	商標名稱	管理公司	追蹤指數	其他
海外	SPY	SPDR S&P500 ETF Trust	SPDR	道富集團	S&P 500	
	VOO	Vanguard S&P500 ETF	先鋒領航	先鋒領航		
	IVV	iShares Core S&P 500 ETF	iShares	貝萊德		
韓國	360750	TIGER 美國 S&P500	TIGER	未來資產管理		
	360200	KINDEX 美國 S&P500	KINDEX	韓國投資信託管理		
	379800	KODEX 美國 S&P500TR	KODEX	三星資產管理		分配收益再投資

表 6. 韓國與海外 S&P 500 ETF 劃分

反之，如果是沒有（H）字樣的投資產品，一般來說就會暴露在匯率風險之下，因此匯率變動的話，報酬率也會跟著改變。如果你投資 ETF 的目的是要持有美元資產，就必須要投資暴露在匯率風險下的產品，這點務必要銘記。就像這樣，我們只要看著 ETF 的名稱，就可以輕鬆掌握管理公司、追蹤指數、分配收益再投資、匯率風險與否等，該檔 ETF 相關的資訊。

哪一家 ETF 管理公司比較好？

所謂的 ETF 管理公司，是指開發與經營與管理 ETF 的公司。在韓國，有未來資產管理、三星資產管理、KB 資產管理等公司。這三家公司是韓國最具代表性的管理公司。而我們在交易股票時經常看到的證券公司，都另有自己的管理公司。

那麼，韓國在全球 ETF 市場上座落於哪個位置呢？全球 ETF 管理公司的管理資產規模（Assets Under Management，AUM）排名如「表 7」。貝萊德以高達 2 兆 3000 億美元的資產規模，壓倒性占據第一名寶座，第二名則是先鋒領航。

投資海外股票的話，一定經常可以看見貝萊德和先鋒領航的名字，特別是排名世界第一的資產管理公司貝萊德，影響力

更是不容小覷。舉例來說，貝萊德的 CEO 拉里・芬克（Lawrence Fink）在 2021 年給顧客的年度信函中發出最後通牒，表示貝萊德將不再投資不遵守 ESG（Environmental,Social and Governance）的企業；於是企業界自然開始關注 ESG，紛紛提出降低碳排放的對策，努力想獲得 ESG 等級。

排名	管理公司	資產規模（美元）	ETF（數量）
1	貝萊德	2 兆 3675 億	390
2	先鋒領航	2 兆 338 億	82
3	道富集團	9909 億	136
4	景順	3797 億	237
5	嘉信理財集團	2675 億	27
6	First Trust	1434 億	192
7	摩根大通	739 億	40
8	ProShares	666 億	141
9	世界黃金協會	655 億	2
10	VanEck	630 億	62
11	智慧樹投資	485 億	76
12	象限基金顧問	463 億	13
13	未來資產環球投資	419 億	91
14	富達投資	337 億	46
15	Rafferty	282 億	81

表 7. 全球 15 家 ETF 管理公司資產規模（基準月：2022.2）

SPY 與 QQQ 是在韓國備受關注的海外 ETF。SPY 是由資產規模第三大的管理公司──道富集團所營運；QQQ 則是由排名第四的景順所營運（現在提到的 ETF，我會在後續逐步為各位解說）。此外，「表7」上，包含許多我們熟知的全球管理公司，其中唯一一家韓國管理公司──未來資產環球投資以 419 億排名第十三位。雖然在「表7」中榜上無名，但是以投資創新企業的管理公司而聲名大噪的方舟投資（ARK Invest），排名在第十八位。

管理公司的資產規模也是挑選 ETF 重要的標準，因為那是保護自己資產的堅實根基。決定管理公司之前，務必要先查看管理公司的資產規模大小，以及 ETF 本身的資產規模。關於這部分的內容，後續還會再談到；現階段，大家就只要先記得有這些值得信賴的管理公司即可。

我持有的不是 ETF 而是 ETN ？

ETF 與 ETN 名字雖然相似，但投資方式卻是截然不同。如果不小心投資到 ETN，很可能會面臨鉅額虧損，所以，一定要先了解清楚，慎重投資。

ETN 是指數投資證券（Exchange Traded Note），ETF 是指數股票型基金（Exchange Traded Fund）。兩者的差異，顧名思義就是證券與基金的差別，也就是說 ETF 是投資信託財產，但是 ETN 是發行人以自家信用所發行的商品，無保證也無擔保，也就代表依據證券公司的情況不同，投資可能會有風險。

ETN 的法定性質是衍生連結證券，我們熟知的槓桿、反向商品都隸屬於這一類。代表性的 ETN 產品有 FNGU、BULZ，該產品會投資美國上市公司中具代表性的 10 ～ 15 家技術公司，實際變動性為三倍。舉例來說，假如 FNGU 投資的 10 家公司一天平均上漲 3%，那麼 FNGU 就會上漲 9%，獲利會變成三倍，反之，虧損的時候也會放大三倍。

項目	ETN	ETF
發行者	證券公司	資產管理公司
發行者信用風險	有	無
到期日	1 ～ 20 年	無
標的資產管理方式	全數由發行人管理	100% 追蹤標的指數
成分股數	5 檔以上	10 檔以上
法定性質	衍生性商品連結證券	集合投資證券
每年手續費	0.4 ～ 1.25%	0.07 ～ 0.8%

表 8. ETN 與 ETF 的比較

這種股票的變動性非常大,新手投資人不碰為妙。就算是老練的投資人,最好也是短期投資。股市大跌的時候,很多投資人認為會出現技術反彈,因而投資三倍槓桿的商品,但是這些投資人裡,也有很多人根本不知道自己投資的商品是 ETN。我並不是要指責槓桿投資是錯誤行為,只是這種商品是投資新手難以承擔的商品,務必要先確定自己投資的股票具有什麼風險。我希望各位可以先挑戰相對安全的 ETF。

ETF 投資關於稅金的大小事!

當我們開始投資並且獲利時,就會有隨之而來的煩惱,也就是「稅金」。由於大家對稅金抱持著很難又複雜的偏見,所以大多數人都直接無視稅金,只想著如何賺取更多的收益;所以有很多人會因此付出不需要支付的稅金,或是錯過可以節稅的機會。我現在要談論有關稅金的部分,不會很難,我希望各位在投資之前都能先熟悉這部分,這將有助於我們進行更合理的投資。

投資 ETF 的時候只會產生三種稅金,第一種是買賣收益徵收資本利得稅,這與投資海外股票時一樣也會被徵稅,需要支

付收益的 22%。但並不是所有收益都必須被課稅，其中有 250 萬韓圓是基本扣除額，也就是說一年內透過賣出所賺取的總收益中，有 250 萬韓圓不需要支付資本利得稅。所以說，我們最好每年實現 250 萬韓圓的收益，享受扣除稅額。舉例來說，假如總收益是 1250 萬韓圓的話，扣除 250 萬韓圓以外的 1000 萬，必須在隔年五月申報 22% 的資本利得稅，也就是 220 萬韓圓。

（編按：在台灣，只要購買的是在台灣註冊的境內基金，則買賣的資本利得免稅。如果購買的是境外基金，依稅法規定，海外收入達 100 萬者需申報，並享有 670 萬的免稅額；因此只要買賣利得及配息收益達 100 萬時，需申報，當收入超過 670 萬者就必須課稅。）

這裡，我再補充一個重點，250 萬的免稅額是以韓圓為基準，所以適用哪一個時間點的匯率很重要。匯率會分別適用買進與賣出時的匯率，帳戶資訊上出現的收益與實際計算的金額可能會有所差異。因此在計算資本利得稅的各別項目上，需要再確認一次。

此外，免稅的基準日並不是到 12 月 31 日，這一點也務必要銘記。舉例來說，美國股票的交易明細處理只會到年底的前三個營業日為止，所以最後一天賣出的明細會適用於下一年度。

因此以投資美股或 ETF 的情況來說，在 12 月 30 或 31 日賣出的話，便無法獲得 250 萬的免稅額（我通常會在聖誕節之前處理好）。中國是處理到年底的前一個營業日，香港則是前兩個營業日。

第二種是關於分配收益的股利所得稅。就如同股票可以領取股利，投資 ETF 也可以領取分配收益。根據 ETF 的特性，也會有沒有分配收益的 ETF，但是大部分都還是會給付分配收益，這個時候就會同時產生稅金。分配收益的稅率與股利一樣都是15%（補充說明一下，韓國的股利所得稅是 15.4%，比美國高出 0.4%）。但是這筆稅金在發放分配收益的時候就會自動被扣除，因此不需要額外分神計算。（編按：在台灣，如果是購買境內基金，配息併入利息、股利所得，一年享有 27 萬的免稅額；單筆領超過 2 萬元的股利，課徵2.11% 的補充健保費。若是境外基金，股利併入海外收入，海外收入超過670 萬元時，課徵 20% 的稅率。）

項目	種類	稅率	免稅額	申報時間
美國股票＋ETF	資本利得稅	22%	250 萬元	五月
	股利所得稅	15%	無	賣出股票時；自動扣除
	金融所得綜合稅	6～42%	2000 萬元以下	五月

表 9. 在韓國，投資美股時所產生的稅金種類

這裡有一個需要注意的部分。如果想要利用ETF的分配收益達到財富自由，就必須要考慮到所得稅，設定好每個月進帳的金額。如果沒有把股利所得稅納入考量，只利用分配收益5%進行計畫，設定好每個月進帳的金額是100萬的話，實際上，進帳的金額不會是100萬，而是只會領到85萬，如此一來，等同於分配收益的殖利率實際上是4.23%。所以務必要將稅金納入考量，才能夠準確管理資產。

　　第三種是金融所得綜合稅。倘若分配收益一年超過2000萬，就會成為金融所得綜合稅的適用對象，超出2000萬的部分就必須支付6～42%的稅金。所以說，每個月的股利最好不要超過166萬韓圓。這個地方需要留意的是，賣出在韓國國內上市的海外ETF時，所實現的收益會被分類為股利。

　　目前我們已經了解過賣出股票時所產生的資本利得稅、領取分配收益時所產生的股利所得稅、總股利超過2000萬韓圓被課徵的金融所得綜合稅。對於現在剛要開始投資ETF的人或投資新手而言，最好要先考慮資本利得稅。千萬不能為了不想繳納資本利得稅，就完全不賣出股票，最好一年內一定要賣出250萬收益，享受免稅的優惠。

為了幫助各位理解，我舉一個例子說明。假設 A 與 B 透過 ETF 投資，在十年內產生 2500 萬的收益。A 在十年之後想要實現 2500 萬的收益，但是扣除掉 250 萬的免稅優惠，其餘 2250 萬都必須支付 22% 的資本利得稅，因此他必須支付出收益中的 495 萬。然而，B 每年都會賣出 250 萬元收益的 ETF，然後再重新買進，他就這樣每年使用 250 萬的免稅優惠，十年內反覆賣出又買進 2500 萬元的 ETF。由於他十年來每年都有更新收益，因此可以在毫無轉讓所得稅的情況下，原封不動拿走 2500 萬的收益。A 與 B 的收益雖然相同，但是因為 B 沒有支付稅金，所以可以多拿到 495 萬。這不是變相逃稅，也不是卑鄙的手段，而是聰明的節稅方式。

　　說到這裡，偶爾會有人擔心發問：「每年交易的話，每股單價增加，報酬率不會下降嗎？」但是十年來持續持有，報酬率 100%、獲利 2500 萬的 A，與每年更新收益，報酬率 20%，獲利 2995 萬的 B，哪一位的投資方式比較聰明呢？投資不能單純只看報酬率，重點在於獲利金額的多寡。注重內部穩定的投資會帶來好的結果。

總整理　ETF 初學者必須確認的四大資訊

1. 閱讀欲投資商品的正式名稱，掌握基本資訊。

2. 觀察欲投資商品的 ETF 管理公司是否值得信賴，確認該公司的資產規模。

3. 確認欲投資商品是 ETF 還是 ETN。

4. 投資前先計算資本利得稅與金融所綜合稅的免稅額，與賣出時自動徵課的股利所得稅。

⑤ 第3章 ⑤

最簡單的
ETF 搜尋法

輕鬆找到海外 ETF 資訊的方法

怎麼樣？你現在想開始投資 ETF 了嗎？如果有的話，你應該很好奇要怎麼樣搜尋 ETF 相關的資訊，以及要確認當中的哪一些資訊吧？就好比如果想要捕魚，就要先知道釣魚的方法，我們必須要知道，如何確認哪一檔 ETF 比較好，以及它的產業和企業成分股，才能夠靈活運用各種方式進行投資。

這一個章節，我們來看一下輕鬆找出 ETF 資訊的方法，以及這些資訊中我們重點要注意的內容有哪些。除了海外 ETF，

我也會一併介紹如何查詢韓國國內 ETF 的方法，希望大家可以好好跟著做。

首先，我們看到海外 ETF。尋找海外 ETF 的代表性網站有兩個— ETF.com 與 ETFDB.com，它們是海外 ETF 投資者非知不可的網站。其中我比較常用的網站是 ETF.com，因為這個網站的資料整理較為直觀，便於理解。

ETF.com 主頁瀏覽

那麼我們現在就來看看，海外 ETF 投資者必須在 ETF.com 上仔細閱讀哪一些資訊吧。當我們進入 ETF.com 的時候，就會看到跟〔圖1〕一樣的頁面。由於網頁全部都是英文，剛開始可能會有點排斥，但是仔細觀察的話，會發現網站都是幾個單字和用語反覆出現，所以不需要太擔心。但是為了有英語恐懼症的人，這個章節我會為各位講解必要的資訊有哪些。

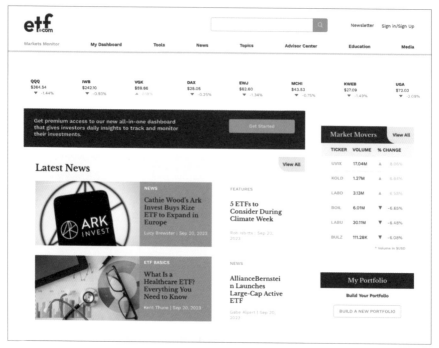

圖 1. ETF.com 主頁

圖 2. ETF.com 主頁

首先，主頁上我們只要記得〔圖2〕所標示的五個項目即可。

① **Search**（搜尋）：**使用代號搜尋欲查詢之 ETF**

② **Markets Monitor**（市場監控）：**瀏覽主要 ETF 的市場現況**

③ **Tools**（工具）：**搜尋包含欲投資之個股的 ETF**

④ **News**（新聞）：**閱讀各種 ETF 新聞、報告**

⑤ **Topics**（主題）：**瀏覽醫療保健、ESG、比特幣等主題類 ETF**

首先，① Search（搜尋）就是像 Naver、Google 等入口網站的搜尋欄一樣，可以搜尋我想找的 ETF。只要輸入 QQQ、SPY、VOO 等，由字母所組成的代號就可以進行搜尋。

② Markets Monitor 顯示的是美國上市 ETF 中，資產規模最大的 SPY 的股價圖表，往下滑則可以瀏覽股票板塊、全球市場、債券等各種資產的每日績效。

③ Tools（工具）除了搜尋我想找的項目以外，還有很多其他可用的功能。其中，我最常使用的功能是尋找哪些 ETF 裡有包含我想投資的個股。如果你目前有正在關注的企業，但比起直接投資該企業，更想投資整個關聯產業的話，就可以直接搜尋

圖 3. ETF.com 搜尋主題式 ETF 的方法

成分股中有該企業的 ETF。在此,我們也可以確認該 ETF 中,
對我想投資的企業投資占比。

④ News(新聞)可以看到與 ETF 有關的最新新聞、專家報
告與分析資料、投資策略等各種內容。

⑤ Topics（主題）裡，我們可以直接瀏覽自己想尋找的主題式 ETF。從中我們可以看到最近非常熱門的人工智慧（AI），以及醫療保健、比特幣、ESG、債券、槓桿等各種主題裡最具代表性的 ETF，並比較這些 ETF 的資產規模、報酬率、總費用等資訊。

舉例來說，假如我想搜尋跟人工智慧（AI）有關的 ETF，那麼就點擊〔圖 3〕的① Topics，畫面上會出現各種主題，接著點選其中的② Artificial Intelligence（人工智慧），就可以搜尋所有與 AI 有關的 ETF。從③ ETF 搜尋結果上我們可以看到，目前有 36 檔相關的 ETF，資產規模依序是第一名 BOTZ（$2.31B）、第二名 ROBO（$1.4B）、第三名 ARKQ（$1.06B）。

利用這種方式，大致了解我想投資的主題與 ETF 後，當自己已經有一定程度的標準，就可以開始逐一查看每個商品的具體資訊。

投資 ETF 時，務必確認的五大資訊

投資 ETF 並不是直接投資一家公司，因此需要確認的資訊與投資一般股票時不同。其中，有五個我們必須先了解的事項，這些資訊都可以在 ETF.com 與管理公司的官網中找到。現在，我們就來看看要從哪裡找到這些確認事項吧。

第一項是 ETF 的上市日期，也就是它的誕生日期。就像企業在證券市場上市一樣，ETF 也是依照投資者需求組合而成的商品，經過審議後再上市。就好比企業的經營年資愈久的話，我們會認為這是一家愈穩定的公司，ETF 也是上市時間愈長，管理實力就愈被認可。

原因為何呢？發生經濟危機時，只有管理得當，且人們的關注與持續投資的 ETF，才得以生存下來。反之，如果做不到這點的 ETF，就會嚐到被下市的苦果。

特別是 2008 年以前上市的 ETF，是歷經雷曼兄弟事件這種嚴重經濟危機而存活下來，相當穩健的 ETF。如果是 2000 年以前上市的 ETF，就是熬過 IT 泡沫化與長期熊市的老牌 ETF。ETF 大部分就像這樣，上市愈久愈受禮遇。所以，在選擇 ETF 的時候，最好確認一下上市日期是否在 2000 年或 2008 年以前。

第二項是總費用。所謂的總費用，意指被管理公司拿走的手續費。前面已經提過幾次，一般總費用率會落在 0.03 ～ 0.8％左右，但是管理上比較費工的主題式 ETF，所收取的手續費會比指數追蹤型 ETF 還來得更高。

有很多人好奇總費用率計算的方法，讓我來舉一個簡單的例子。假如你投資了 1000 萬，費用是 0.5％的話，總費用就是 5 萬。這個 5 萬元並不是一次性徵收，而是會根據交易日期計算；也就是說，倘若這筆交易在一天之內就結束的話，5 萬元就會被除以 365 天，只需要支付一天的費用約幾百元。除此之外，總費用不是發生在賣出的時候，而是合併計算在 ETF 的單價上，所以投資人並不需要額外費神就會自動繳納。

追蹤相同指數的 ETF，即便管理公司不同，報酬率也幾乎都很接近，所以最好選擇總費用較低的 ETF。此外，主題式 ETF 與槓桿商品的管理費用會比指數追蹤型 ETF 更高，所以要仔細評估。

第三項是管理資產規模。資產規模愈大，就表示有愈多投資人選擇這檔 ETF，也意味著這檔商品具有吸引力。

到目前為止，我們已經看完三項投資 ETF 時必須考慮的

要素。但是這裡還有一個要當心的地方。上市日期愈久，資產規模愈大，並不代表這就一定是一檔具備吸引力的 ETF。舉例來說，假如剛上市滿一年的 A 標的資產規模是 900 億美元，上市滿二十年的 B 標的是 1000 億美元，那麼，A 跟 B 哪一擋 ETF 比較吸引人呢？當然是一年就募集到 900 億美元的 A。因為 B 標的平均每年只募集了 50 億美元，如果再把股價上漲的部分加上去，可說是連 50 億元都不到。投資 ETF 的時候，不能只看單一因素就著急做出決定，必須要綜合判斷這三項要素。

在進入第四個項目之前，我們先看一下在 ETF.com 上要如何找到這三項資訊。我們以追蹤那斯達克 100 的美國代表性技術股 ETF QQQ 為例。當我們搜尋 QQQ 的時候，就會跳出如〔圖 4〕所見的方框。① Inception Date 是上市日期、② Expense Ratio 是總費用率、③ Assets Under Management 是管理資產規模。雖然頁面都是以英文呈現，各位可能會感覺有些複雜，但是常看的話，馬上就會熟悉，所以，希望各位都要養成自己找資料的習慣。

第四項是投資產業板塊（Sectors）。我們必須了解 ETF 所投

圖 4. QQQ 數據總覽

資的產業，投資 ETF 的時候一定要了解這項資訊，因為我們必須知道投資的獲利從何而來。比較可惜的是，這項資訊在 ETF. com 上找不到，但是我們可以到 ETF 管理公司的官網找找看。在 Google 上搜尋「股票代號＋Sectors」，就可以輕鬆找到大部分的資訊。

讓我們繼續以 QQQ 為例。〔圖 5〕是 QQQ 管理公司 Invesco 的官網所呈現出來的資訊。以 2022 年 2 月為準，QQQ

圖 5. QQQ 前十大產業資訊

ETF 總共投資了 10 種產業，其中資訊科技（Information Technology）產業為 50.97%，其次為 18.38%的通訊服務（Communication Services）產業。

像這樣，找出想投資的 ETF 目前所投資的產業領域，就可以了解這檔 ETF 的投資方向。特別是主題式 ETF 的產業劃分會更加明確，務必要確認這檔 ETF 是由哪一些產業板塊所組成。

有的時候，也會遇到不管再怎麼找，投資板塊難以區分的 ETF，大部分的情況是因為該檔 ETF 是投資數個國家的全球商

品，所以產業別難以劃分，又或者是因為資產規模較小。這個時候，一定要確認這檔 ETF 的成分股目錄，確認這檔 ETF 是否符合自己的投資方向。

這裡我稍微講解一下什麼是產業板塊（sector）。在股票市場中，產業一般會將行業別相似的企業分類在一起。一般來說，最常依據全球行業分類標準（GICS）進行分類，區分方式為第一階段有 11 個產業板塊，第二階段為 24 個行業組別、第三階段為 69 個行業，第四階段則是 158 個子行業。簡單來說，就是所謂的金融產業下方分為銀行、多元化金融、保險等 24 個行業組別，銀行下方又分為銀行、儲蓄抵押貸款金融等 69 個行業。

其實，若沒有投資一家企業或投資主題式 ETF，就沒有必要詳細知道細節的分類，知道第一階段的 11 個產業板塊就可以了。但是即便如此，我們也必須要去了解自己所投資的 ETF 產業分布是否平均，或是有沒有集中投資在特定產業上。

透過觀察產業板塊權重，可以選擇其他 ETF 來補足自己原先所投資的 ETF 上不足的部分，打造出一個相互彌補缺點的投資組合。儘管如此，以資訊科技與非必需消費品 1：1 所組成的

投資組合並不好，這樣的組合，等於是認為蘋果跟 Nike 總市值相當。這麼做，可能會使自己的 ETF 收益背離整體市場的走勢，所以最好要考慮各產業的資產規模，再建立投資組合。

觀察 11 個產業板塊的走勢，能夠一眼看出哪一個產業發展趨勢較好，哪一個比較不好，也比較容易掌握趨勢走向。舉例來說，利率上升時，金融板塊會比較強勢；然而當大盤走揚的時期，就可以期待大多為成長股的科技股走揚。我把 11 個產業中具代表性的 ETF 與企業整理在「表 10」，希望可以作為大家投資時的參考。

第五項是投資企業的持股（Holdings）。ETF 的收益最後取決於投資了哪家企業以及持股比例。所以，在投資 ETF 前，還是得仔細地觀察投資企業的成分股比例。

成分股清單固然重要，但是各企業的投資占比也很重要。QQQ 中雖然有包含星巴克，但是占比僅為百家企業中的其中一家，也就是沒有超過 1％，反之，蘋果則占比超過 10％。假如，鎖定要投資星巴克卻買了 QQQ，那就是一個錯誤的選擇了，對吧？所以我們必須知道該檔 ETF 裡，我想投資的產業占比的多寡。如果想要知道這項資訊，運用〔圖 2〕③的 Tools 選項就

序號	產業	代表性 ETF	行業	企業	股票代號
1	科技 Technology	XLK	軟體	微軟	MSFT
			硬體技術 儲存與週邊設備	蘋果	AAPL
2	醫療保健 Healthcare	XLV	製藥	嬌生	JNJ
			健康照護機構 與服務	聯合健康保險	UNH
3	金融 Financial	XLF	保險	波克夏・海瑟威	BRK-A/B
			銀行	摩根大通	JPM
4	通訊服務 Communication Service	XLC	雙向媒體與服務	Google	GOOGL
				Meta	FB
5	非必需消費品 Consumer cyclical	XLY	電商交易	亞馬遜	AMZN
			零售	家得寶	HD
6	必需消費品 Consumer Staples	XLP	食品與 必需品零售	沃爾瑪	WMT
			家庭用品	P&G	PG
7	工業 Industrials	XLI	宇宙航空與國防	洛克希德・馬丁	LMT
			道路與軌道	聯合太平洋鐵路	UNP
8	公共事業 Utilities	XLU	電氣	NextEra Energy	NEE
			綜合	道明尼資源	D
9	能源 Energy	XLE	石油氣體	埃克森美孚	XOM
				雪佛龍	CVX
10	房地產投資信託 Real Estate investment Trusts	XLRE	多元不動產信託	American Tower	AMT
				Crown Castle International	CCI
11	基礎原物料 Basic Materials	XLB	化學	林德集團	LIN
				藝康	ECL

表 10. 11 個產業的代表性 ETF 與相關企業

圖 6. QQQ 前十大企業投資占占比

可以查詢。

　　這裡，我先仔細講解在 ETF.com 上要如何確認 QQQ 的成分股清單。在 ETF.com 上利用股票代號搜尋，將頁面向下滑動，就可以看到投資占比前十大企業的欄位，以 2022 年 2 月 17 日為基準，QQQ 的投資比例依序為蘋果 12.61％、微軟 10.04％、亞馬遜 7.06%。這個比例會根據每一天股價的變動而改變，也會透過每季定期再平衡而有所調整。如同前述，我們最好要養成經常確認成分股清單與比例的習慣。如果點擊圖表上方的 View All，就可以看到該檔 ETF 所有投資的企業。這個部分也一定要定期檢查，觀察自己投資的其他 ETF 有多少重複的企業。

輕鬆找到韓國國內 ETF 資訊的方法

隨著大眾對股票投資愈來愈感興趣，韓國國內 ETF 市場也自然出現成長。除了一般投資以外，透過年金儲蓄進行投資的方式也愈來愈受歡迎。管理資產規模超過一兆韓圓的 ETF 共有 20 檔，整體資產規模也呈現出逐漸增長的趨勢。

大家可能會以為，韓國本國管理公司所推出的 ETF 商品會追蹤 KOSPI（韓國綜合股價指數）或 KOSDAQ 指數，但其實並非如此。韓國 ETF 中最具代表性的產品是 2002 年上市的商品 KODEX 200，這檔是追蹤 KOSPI 指數的 ETF，資產規模在韓國 ETF 市場排名第一。但是另一方面，排名第二的 TIGER 中國電動汽車 SOLACTIVE 雖然在韓國上市，但卻是投資中國電動車相關企業的商品，它在 2020 年 12 月上市，以驚人的速度，追趕著已經上市二十個年頭的 KODEX 200。

除此之外，韓國國內也有像前面的 QQQ 一樣，追蹤那斯達克 100 指數的商品，也就是 TIGER 美國那斯達克 100。此外，還有很多寫著「那斯達克 100」的 ETF 商品。近期，韓國也上市了投資海外企業的元宇宙和 ESG 相關的 ETF。從韓國 ETF 市場的成長趨勢看來，日後預估還會有更多 ETF 持續上市。

那麼，我們要怎麼樣才能找到韓國 ETF 相關的資訊呢？第一個方法是使用 ETF 管理公司的官網，第二個方法是在 Naver 金融（https://finance.naver.com）上搜尋。我個人比較偏好用起來較方便的 Naver 金融，如果需要仔細閱讀特定 ETF 的資訊，就會直接到該 ETF 管理公司首頁找尋管理報告書、公開說明書、投資章程等。

對於韓國的股票投資人而言，Naver 金融是非常熟悉的服務平台，只要在 Naver 上搜尋「Naver 金融」就可以輕鬆進入該頁面。如果想要查看韓國國內的 ETF，先點擊〔圖 7〕上①國內股票，然後選擇② ETF，就可以查看所有在韓國股市上市的 ETF 商品。在中間下方的部分，我們可以看到總體、國內市場指數、國內產業／主題、國內衍生、海外股票等，按照各種標準分類的 ETF 項目。如果選擇③的海外股票，就可以看到所有在韓國上市的海外 ETF。以 2022 年 2 月為基準，在韓國上市的海外 ETF 總共有 130 檔，〔圖 7〕方框中出現的清單就是總市值排行前十的 ETF。TIGER 美國那斯達克 100、TIGER 美國 S&P500、TIGER 美國科技 TOP10 INDXX 等，大部分都是投資美國的商品。

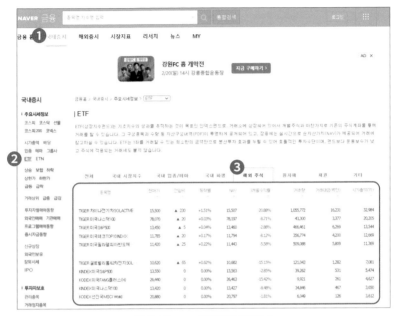

圖 7. Naver 金融使用方法 1

前面我們已經學習過股票名稱分析法，所以看到 ETF 的名稱，大家應該可以推測出管理公司是哪一家，投資標的是哪裡了吧？ TIGER 美國科技 TIP10 INDXX 的前方有 TIGER 的字樣，所以是由未來資產管理公司所經營的 ETF，美國科技 TOP10，則是投資美國科技巨擘領域中最具代表性的十家公司。

其中總市值排行第一的 ETF 是 TIGER 中國電動汽車 SOLACTIVE，總市值大幅超越其他 ETF，這就代表有許多人都

看好未來中國電動汽車的市場。此外，從最近的動向上看來，外資淨買入排行上，蓄電池相關的 ETF 數量也有所增加。你可能會想「現在會不會為時已晚？」，但是電動汽車與蓄電池相關產業不是一兩年就會消失的產業，這個產業至少還會繼續成長五年以上，所以未來也要持續關注。

現在讓我們來了解一下，要如何選定一檔 ETF，以及如何仔細確認 ETF 資訊。這裡我們要看的項目與前述投資海外 ETF 時必須檢查的五大項目相同，也就是上市日期、總費用率、管理資產規模、投資產業分布與成分股。

為了便於與海外 ETF 進行對照，我們以跟 QQQ 追蹤同樣指數的 TIGER 美國那斯達克 100 ETF 來舉例（由於追蹤美國那斯達克的項目中，未來資產管理公司的產品總市值最高，所以選擇這一檔 ETF）。如果像〔圖 7〕一樣，在 Naver 金融上點擊該商品，或者是搜尋股票代號的話，就可以看到如同〔圖 8〕一樣的詳細資料，這個畫面跟在 Naver 證券上搜尋韓國企業所看到的畫面相同，而我們要參考的項目是① ETF 分析。

點選① ETF 分析，滾動滑鼠將畫面下滑的話，就可以看到各種資訊，我們要看的是其中五項的資訊。第一項是②總市值。

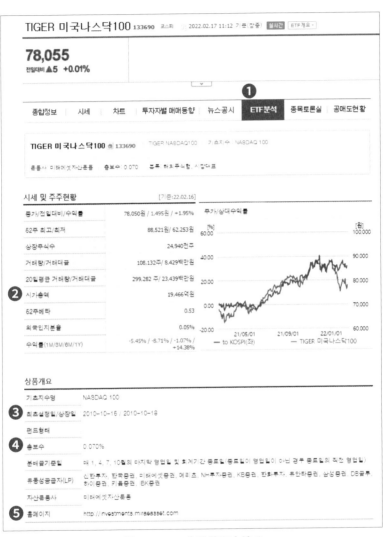

圖 8. Naver 金融使用方法 2

截至 2022 年 2 月為止，TIGER 美國那斯達克 100 ETF 的總市值是 1 兆 9466 韓圓，總市值會根據每天交易的金額和單價而波動。TIGER 美國那斯達克 ETF，在韓國上市的海外 ETF 中總市值排行第二，一般來說，當一支 ETF 的資產規模超過 1000 億韓圓，就可以視為是穩定的標的。

第二項是③最初設定日／上市日期。TIGER 美國那斯達克 100 於 2010 年 10 月 18 日上市，韓國 ETF 始於 2002 年，歷史並不長。所以說，以 2008 年經濟危機作為起點，把在這之前上市的 ETF 視為是值得信賴的商品也無妨，但由於 2008 年以前上市的 ETF 大部分追蹤的都是韓國的國內指數，所以不需要給這個時間點賦予太大的意義。

觀察韓國上市的海外 ETF 時，比起上市時間長短，更重要的是確認資產規模的大小。上市時間不長，但有一定的資產規模，代表這是一檔有許多大戶投資的商品，同時也意味著該 ETF 的未來價值獲得了高度評價。這邊有一個需要注意的地方是，有些上市不久的 ETF 商品，會因為品牌認知度高而出現總市值較高的情況，所以上市後，最好先觀察三個月以上。

第三項是④總費用率。TIGER 美國那斯達克 100 的總費用

率較低，為 0.07％。指數追蹤型商品，大致上管理較為容易，所以費用也較低廉。反之，主題式 ETF 的費用較高，而且股價波動性也較大，要將這些納入考量，選擇適合自己投資取向的投資策略。此外，這裡我們所看到的總費用率並不包含其他費用，所以買進之前務必要確認公開說明書（TIGER 美國那斯達克 100 包含其他費用後的總費用率為 0.15%）。

我們可以在管理公司的首頁找到公開說明書。只要點擊〔圖 8〕上⑤官方網站，就可以連結至該 ETF 管理公司的首頁。雖然每間管理公司的方法都有些不同，但是只要在首頁上搜尋該

圖 9. 未來資產管理官方網站

檔股票，就可以看到大部分所需的資訊。現在，我們就進入未來資產管理公司的官網上，一探究竟吧。

點選官網的網址，就會出現如〔圖 9〕的頁面。在搜尋欄上搜尋 TIGER 美國那斯達克 100 的話，就可以看到淨資產、上市日期等基本資訊與長期、短期報酬率。點擊商品名稱的話，就會彈跳出視窗，自動跳轉到該檔 ETF 的專用頁面。

跳轉的頁面如〔圖 10〕，我們可以在這裡找到 TIGER 美國那斯達克 100 的所有資訊。大致上可以分為基本資訊與相關文件，在頁面最上方有現值與基準價，下方則清楚呈現出管理資產規模、上市日期、標的指數等基本資訊。

從下方表格中，我們可以看到總費用率、分配收益發放基準日等詳細資訊，也可以從相關文件中下載公開說明書。在公開說明書裡，可以找到除了總費用以外的其他費用，如果你正好投資這檔 ETF，最好要一併確認每月管理報告。

如果繼續把頁面往下滑，就可以看到如〔圖 11〕的成分股一欄，在這裡，我們可以確認 TIGER 美國那斯達克 100 ETF 所投資的成分股表清單，在這個表格的右側，也一併寫出了各企業的投資比例。以 2022 年 2 月為基準，蘋果以 12.54% 占比最高，

圖 10. TIGER 美國那斯達克 100 相關資訊

구성종목(PDF)

기준일 2022.02.16 ∨ 1주 ∨ 보유비중 내림차순 ∨ 조회

ⓘ 구성종목에 표시된 수익률의 경우 전영업일 기준의 수익률 입니다.

종목코드	종목명	수량(주)	평가금액(원)	비중(%)	1주수익률
AAPL US EQUITY	Apple Inc	474.9	98,772,626	12.54	-1.17
MSFT US EQUITY	Microsoft Corp	217.3	78,193,856	9.98	-1.34
AMZN US EQUITY	Amazon.com Inc	14.7	55,106,470	7.03	3.04
NVDA US EQUITY	NVIDIA Corp	101.8	32,301,559	4.12	5.52
TSLA US EQUITY	Tesla Inc	29.1	32,146,833	4.10	0.05
GOOG US EQUITY	Alphabet Inc	9.2	30,062,504	3.84	-2.00
GOOGL US EQUITY	Alphabet Inc	8.7	28,466,807	3.63	-2.00
FB US EQUITY	Meta Platforms Inc	102.6	27,155,100	3.47	0.37
AVGO US EQUITY	Broadcom Inc	19.8	14,293,171	1.82	0.42
CSCO US EQUITY	Cisco Systems Inc/Delaware	202.5	13,161,234	1.68	-1.93
PEP US EQUITY	PepsiCo Inc	66.4	13,197,245	1.68	-3.52
ADBE US EQUITY	Adobe Inc	22.8	13,092,881	1.67	-6.22
COST US EQUITY	Costco Wholesale Corp	21.2	13,047,976	1.67	-1.39

圖 11. TIGER 美國那斯達克 100ETF 成分股資訊

我們可以看出這個數值與前述 QQQ 的 12.61％略有差異。這個占比會根據匯率產生變動，由於每檔ETF的再平衡時間點不同，所以會出現差異。

截至目前，我們已經看完如何查詢韓國上市之海外 ETF 商

品與相關資訊查詢的方法了。利用這個方法，除了海外ETF，也可以輕鬆找到韓國ETF商品的資訊。近期韓國的ETF市場上，也出現愈來愈多別具吸引力的商品，建議各位要仔細觀察。

總整理 **投資 ETF 務必確認的五大項目**

1. 上市日期：上市日期愈久遠，該檔 ETF 可能愈穩定。

2. 總費用率：依照交易天數為比例，會自動合併計算至 ETF 單價內。最好要同步確認其他費用。

3. 管理資產規模：管理資產規模愈大，表示這檔 ETF 可能愈多人青睞且前景愈被看好。

4. 投資板塊：確認欲投資之 ETF 由哪些產業所組成，預測投資方向。

5. 成分股：掌握 ETF 對哪些企業投入多少資源，就能組成更多元化的投資組合。

PART

2

隨心所欲
拆解 ETF

第4章

最簡單的投資方法──
指數追蹤型 ETF

利用三大主題觀察 ETF

到目前為止，我們已經了解為什麼要投資 ETF，以及如何尋找相關資訊。現在我們要進入實戰投資，比較並分析各檔 ETF 的優缺點及特徵。

以 2022 年為基準，韓國 ETF 的上市數量有 500 檔以上，美國則是韓國的五倍，約有 2500 多檔。我們若想在如此多樣的 ETF 中找出哪一檔值得投資，就必須要了解該產品是否適合自己的投資組合、知道自己跟哪一檔 ETF 比較合得來。

第 2 部裡,我們將一起來看指數追蹤型 ETF、配息型 ETF、主題式 ETF 等三大類 ETF。講得稍微誇張一點,只要了解第 2 部所介紹的 ETF,就已經可以跟別人說我懂 ETF 了。第 3 部會開始了解建立投資組合的方法,屆時也會以第 2 部介紹的 ETF 為基礎進行講解。若日後投資 ETF 時,如果碰到挫折,只要打開這個章節,就一定可以獲得莫大的幫助。

最簡單的 ETF 投資

前述我們已經提過,投資 ETF 的優點之一,就是可以藉由投資一個組合達到投資多家企業的效果。那麼,投資什麼樣的 ETF 是最簡單又最有效果的呢?投資沒有所謂的正確解答,但是從過去的經驗中找尋答案的話,投資美國股票市場最具代表性的指數追蹤型 ETF,獲利的機率最高。

股市指數是為了反映出股票市場整體狀況而制定的數值,並用特定方式計算一定時期的股價而得,韓國最具代表性的指數就是 KOSPI 和 KOSDAQ。

美國的證券交易所分別有紐約證券交易所與那斯達克;而道瓊、S&P 500、那斯達克 100、羅素 2000 等四大代表性指數,

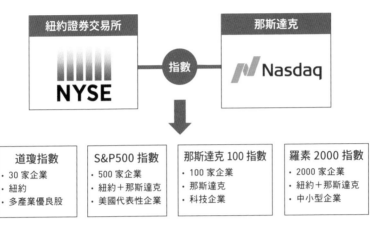

表 11. 美國四大代表性指數

都出自於這兩家交易所。現在,讓我們開始一一認識這四個
指數。

　　道瓊指數是由紐約證券交易所交易的 30 家各產業龍頭企業
加權平均的股價指數。道瓊指數在一百多年來,一直是美國代
表性的指數,由於它非常知名又具有權威,因此有很多企業都
想被納入道瓊指數之中。2021 年,韓國投資人淨買入第一名的
特斯拉曾經登上熱門名單,最近 Google 由於股票分割,也曾傳
出可能會被納入道瓊指數的消息。

　　S&P500 指數,是從紐約證券交易所與那斯達克交易的所有
上市公司中,依照企業規模、流動性、產業代表性所選出的 500

家企業所組成的指數。500 家企業中，包含了 400 檔工業股、40 檔公用事業股、40 檔金融股、20 檔運輸股。觀察 S&P500 指數，就可以掌握美國整體市場動向，巴菲特也喜歡 S&P 500 指數。

那斯達克綜合指數，是由我們熟知的蘋果、Google、亞馬遜等大型科技企業所組合而成的指數，總共編有 1 萬 3000 多家企業。那斯達克 100 指數，就是從中挑選出總市值排行前一百家的企業組合而成的指數。觀察該指數我們可以掌握美國潛力企業的動向，並可以從中獲得提示，得知未來的發展方向。

最後是羅素 2000 指數，這是為了掌握美國中小型企業走勢所建立的指數。是由紐約證券交易所與那斯達克旗下所有上市公司中，總市值排行第 1001 位至 3000 位，共 2000 家企業所組合而成。由於全數由中小企業所組成，所以對景氣敏感度很高，所以也被稱為美國景氣的晴雨表。

觀察各個指數的動向，就可以掌握整體美國股市的動向。當那斯達克 100 指數上漲，就表示美國股市正以科技股為中心成長。我們也可以藉由 S&P500 指數，了解美國股市大致走向，並透過羅素 2000 指數，掌握景氣敏感股的漲跌情況。追蹤這四大指數的 ETF 商品也紛紛上市，這些股票不僅獲得大量投資人

歡迎，同時報酬率也很不錯。那麼，我們現在就來看看這些指數中，最具代表性的 ETF 吧。

美國國家代表性指數型 ETF ── DIA

道瓊指數是美國股價指數中，歷史最悠久且公信力最高的指數。市場上當然也有追蹤道瓊指數的 ETF 商品，也就是 DIA，正式名稱為「SPDR Dow Jones Industrial Average ETF Trust」（SPDR 道瓊工業平均指數 ETF），是由道富集團的 ETF 品牌 SPDR 所管理的道瓊指數追蹤 ETF。由於它像鑽石一般閃閃發光，所以又被稱為「鑽石 ETF」。

DIA 上市於 1998 年，是已經營運超過 20 年的 ETF，也是經歷過數次經濟危機的老牌 ETF。指數追蹤型 ETF，普遍來說資產規模都較大，以 2022 年 2 月為基準，DIA 的資產規模為 292 億美元（約 35 兆 1000 億韓圓），總費用率為 0.16％。

DIA ETF 最大的優點就是每個月都可以領取分配收益，具體金額會根據股價與投資企業的給付額而有些微的差異，但是一般來說，都可以獲得 1.5％左右的分配收益，是一檔孝子股。

以 2022 年 2 月為基準，DIA 的投資產業分布依序為資訊科

技 21.62％、醫療保健 17.84％、金融 16.73％、工業 14.47％、非必要消費品 14.18％。前五大產業占比 84.84％，占據大多數的比例，其中又以科技產業的占比最高。

此外，DIA 所投資的是 30 家各產業最具代表性的藍籌企業（績優企業），同樣也是美國的代表性企業。我們看到其中排名前十家企業依序是聯合健康保險、高盛、家得寶、微軟、麥當勞、VISA、安進、波音、賽富時、開拓重工；大部分都是韓國人熟悉的企業，DIA 收取這些企業的股息，並且每月分配給投資人。所以說，這檔 ETF 對於每個月需要穩定獲得收入的人而

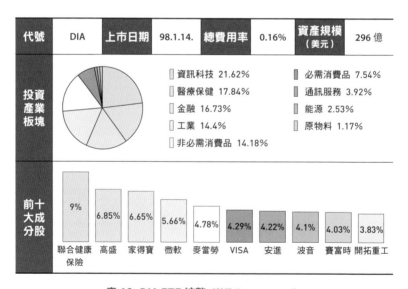

表 12. DIA ETF 統整（基準日 2022.02.17）

言，可說是不錯的投資產品。此外，將股息再投資以擴大獲利，也是不錯的投資策略。

DIA 中值得注目的企業？

接下來，要介紹 DIA ETF 納入的 30 家企業裡，值得關注的兩家企業。首先，第一家是大家也許聽到名字會稍嫌陌生的聯合健康保險集團（UnitedHealth Group）。這家公司的名字裡有健康二字，有些人可能會誤以為它是生技或製藥公司，但其實，這家公司是美國最具代表性的保險公司，也是在紐約證券交易所中，可以擠進前十大總市值的績優企業。

聯合健康保險集團與韓國的國民健康保險工團的規模差不多，提供各種醫療相關服務。最具代表性的業務是營運橫跨北美、南美、歐洲、亞洲、中東等 150 個國家的平台

圖 12. 聯合健康保險的總部與 LOGO

—— Optum。Optum 提供運動、睡眠、慢性疾病管理等健康項目,以及醫療費用與醫療服務日程管理等照護解決方案,每年呈爆發性的成長。

　　聯合健康保險集團的股價,五年來翻漲將近三倍,漲幅幾乎超過成長股。此外,聯合健康保險還是一家會發放股利的股息成長企業,使它成為別具吸引力的投資標的。隨著健康管理相關意識抬頭,再加上人口加速高齡化,聯合健康保險的事業前景,將是一片光明。

　　第二家企業是家得寶,它是一家銷售建築材料與室內裝飾品的公司,在裝潢市場占有 34.3％的市占率,是獨一無二的業界龍頭,同時也是受益於新冠肺炎的企業之一。

圖 13. 家得寶賣場與 LOGO

新冠肺炎爆發後，愈來愈多的企業居家上班，人們待在家裡的時間隨之增加，對於裝潢重要性的認知也產生了變化。人們想要打造屬於自我空間的需求不斷增加。事實上，家得寶的銷售額與淨利急速成長，最近五年來，還創下年均 19％ 十分驚人的股息增長率。

序號	企業名稱	序號	企業名稱
1	聯合健康保險	16	P&G
2	高盛	17	華特迪士尼公司
3	家得寶	18	3M
4	微軟	19	摩根大通
5	麥當勞	20	Nike
6	VISA	21	雪佛龍
7	安進	22	沃爾瑪
8	波音	23	IBM
9	賽富時	24	默克集團
10	開拓重工	25	陶氏化學
11	美國運通	26	可口可樂公司
12	漢威聯合	27	思科系統
13	Travelers	28	威訊通訊
14	蘋果	29	英特爾
15	嬌生	30	沃爾格林聯合博姿

表 13. DIA ETA 成分股（基準日：2022.2.17）

除了聯合健康保險和家得寶以外，DIA 的 30 支成分股都是如鑽石般閃耀的企業，同時也涵蓋了大量的股息成長企業。就算沒有投資 DIA，最好也要記得組成 DIA 的 30 家美國標誌企業。我在 2022 年 2 月的時候整理出「表 13」這份清單，但是成分股可能會因為道瓊指數再平衡出現被納入和剔除的情況，希望各位投資人要投資的時候，一定要再去確認最新的成分股清單。

美國成長型科技股 ETF — QQQ

說到投資美股，大部分人都會最先想到蘋果、微軟、Google 等科技巨擘，這些企業，實際上也是韓國散戶們主要投資的標的。如果想要投資所有的科技巨擘，我現在介紹的這檔 ETF 可謂無人能敵，它就是 QQQ。

QQQ 是追蹤那斯達克 100 指數的 ETF，正式名稱為「Invesco QQQ Trust Series 1」，是由 Invesco 營運的 ETF，是從以創新和成長為宗旨的美國企業中，挑選出那斯達克總市值前 100 家企業的商品。

「表 14」中以 2022 年 2 月為基準，從 QQQ 的投資產業板塊看來，最具代表性的領域依序為資訊科技 50.97%、通訊服務

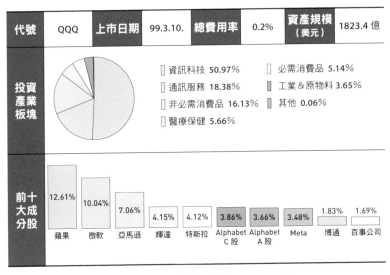

表 14. QQQ ETF 統整（基準日：2022.2.17）

18.38%、非必需消費品 16.13%，光是這三個產業合併起來就有 85.48%，占了相當部分的比重，顯示 QQQ 是注重成長的 ETF。

QQQ 的資產規模是 1823 億 4000 萬美元（約 219 兆 8000 億韓圜），在美國上市的 2500 多檔 ETF 中，資產規模排行第五，是一檔非常受到投資人喜愛的 ETF。QQQ 的前十大成分股分別為蘋果（12.61%）、微軟（10.04%）、亞馬遜（7.06%）、輝達（4.15%）、特斯拉（4.12%）、Alphabet C 股（3.86%）、Alphabet A 股（3.48%）、Meta（3.48%）、博通（1.83%）、百事公司（1.69%）。

此處，雖然有分為 Alphabet A 股與 C 股，但只有擁有

投票權與否的差別，兩者都隸屬 Google，所以合併起來共占比 7.52％。實際上，Google 的比重比亞馬遜更高，在整體排名位居第三。特斯拉的占比從去年開始上升，目前排名第五，是本書出版後，連我自己也很好奇會發生什麼改變的企業之一。

投資 ETF 的優點之一，就是當企業股價變動時，在一年四次進行再平衡的時候，就會反應出股價的變化，會根據 ETF 成分股的總市值自動調整投資占比。即便我們沒有逐一確認這一百家企業的業績和股價，只要投資 QQQ，就可以自動按照變化進行投資。表現好的企業投資比重就會被調漲，排行也會上升；然而，業績表現不佳，或是有利空的企業，投資比重就會漸漸下滑。舉例來說，如果十年前投資 QQQ，IBM 是榜上有名的企業，但是隨著時代變化，新企業上市，IBM 的排名被擠下，取得代之的是輝達與特斯拉這類的企業。享受這種投資管理就要付出代價，QQQ 的總費用率是 0.2％。

根據最近的年度調整，一共有六家企業出現變更，被納入成分股的有住宿平台 Airbnb、電動車公司路西德汽車、網路安全與軟體公司 Fortinet、Palo Alto Networks、Zscaler 與 Datadog。

我們可以從被納入的企業型態中，看出日後哪一個行業的市場前景更好。

至今，美國企業仍為了擠身那斯達克前百大企業展開激烈的無聲之戰。QQQ是一個得以投資成長股的商品，對於不想在股票投資上花大把時間的投資人而言，是別具魅力的一檔ETF。

QQQ 中值得注目的企業？

接下來，要介紹的是 QQQ ETF 納入的一百家企業中，值得關注的兩家企業。首先，可謂是電動車始祖也是終結者的特斯拉。一般提到特斯拉，最先會聯想到的是做電動車的公司，但是特斯拉的 CEO 伊隆・馬斯克（ElonMusk）卻有著比電動車更遠大的夢想，而且懷抱著想讓夢想成真的野心。

特斯拉不僅透過調降電動車價格來提升電動車市場的滲透率，還將事業擴張到電池產業。不僅如此，如果特斯拉成功開發自動駕駛技術，將為交通方式帶來嶄新的革命，也就是所謂的 Robotaxi（自動駕駛計程車）。

如果無法體會，為什麼 Robotaxi 是一種革命的話，讓我來舉個例子吧。假如，你要從首爾出發到釜山，你會選擇 KTX（韓

圖 14. 特斯拉的 Cybertruck 與 LOGO

國高鐵）還是 Robotaxi ？如果這兩種方式的花費相同，那麼，選擇 Robotaxi 會更加方便。如果搭 Robotaxi 的話，就可以從家門前出發，然後在準確的目的地下車，但如果搭乘 KTX，就必須要先到首爾車站，然後在釜山車站下車後，還必須改搭其他交通工具前往目的地。

也許有人會質疑，KTX 不是更快嗎？等到 Robotaxi 可以登場的時候，大部分的車輛都已經在使用自動駕駛了，因此每台車都可以判別彼此的模式，這些積累起來的運作數據可以減少交通堵塞，加速車輛移動。

你可能會覺得上述這些話，聽起來有些荒唐又異想天開吧？但其實已經有相關報告指出，Robotaxi 業務進行的速度比我們想像中更快。等到 Robotaxi 商業化以後，就會對運輸、航

圖 15. 輝達的 GPU 與 LOGO

空、保險、車輛售後服務等產業帶來影響。世界將會往更便利的方向發展，而特斯拉就是一間將這些想像落實的企業。

　　第二家企業是可以被稱為第四次產業革命根基的輝達。輝達的事業版圖包含遊戲、數據中心、自動駕駛、人工智慧、元宇宙等，這些未來產業大部分都與輝達有關；這是因為輝達呈現高畫質影像的圖像技術與高速計算 GPU（Graphics Processing Unit）的技術方面，可謂是獨步全球。

　　不久之前，我們如果想要在電腦或者智慧型手機上看電影，就必須要下載檔案，音樂檔也是要先下載才能聽。但是，隨著串流媒體概念出現後，我們可以隨時隨地即時觀看想看的影片，聆聽想聽的音樂，可以說是因為通訊技術與雲端技術的進步，這一切才變成了可能。從第四次產業革命到元宇宙，對數據中

心的需求也愈來愈大,在這個過程之中,輝達的 GPU 扮演著關鍵的角色。

以現在這種情況來說,輝達保證還能再成長。雖然輝達現在的股價已經很高了,但是從未來考量的話,我相信現在的股價已經是最低價格了。當然,假如狀況出現逆轉,輝達的技術變成無用之物的話,股價也免不了下跌,其實投資創新成長股一定會存在這種風險。所以為了降低失敗的概率,分散投資很重要,這也是為什麼我們要選擇 QQQ。

投資美國整體股市的 ETF —— VOO

美國股市裡不是只有成長股。全球股票市場中,規模最大的舞台就是美國市場。各產業裡排行第一、第二的龍頭企業都聚集在美國,即便是其他國家的企業,也常有企業想要在美國市場上市。我現在要介紹的是平均投資整體美國股市的 ETF,也就是追蹤 S&P500 指數的 VOO。

事實上,追蹤 S&P500 的 ETF 中,知名度最高的是 SPY。但為什麼本書要介紹 VOO 呢?因為 VOO 的總費用率更低廉。追蹤相同指數的 ETF,在報酬率方面並沒有太大的差異,所以

從中選擇手續費較低廉的 ETF，是比較聰明的選擇。

前面我有提到，投資 ETF 的時候要觀察上市日期、總費用率、管理資產規模、投資產業板塊、成分股等五大項目。以同樣追蹤 S&P 500 指數的 ETF 來說，投資產業板塊與成分股是一樣的，再加上管理資產規模大部分都超過 2500 億美元，所以管理資產規模、投資產業板塊、成分股，這三項不會被列為選擇的條件。

這種時候，最好簡單看一下，哪一檔 ETF 的手續費最低。也就是說，我們必須在減少稅金支出與手續費的同時，考慮如何將自己的收益最大化。VOO 與 IVV 的總費用率都低於 SPY 三倍，落在 0.03%，也屬於整體 ETF 中費用較低的 ETF。

項目	SPY	VOO	IVV
管理公司	道富集團	先鋒領航	貝萊德
上市日期	1993.1.22	2010.9.7	2000.5.15
總費用率	0.09%	0.03%	0.03%
管理資產規模（美元）	3947 億	2769 億	3207 億
投資產業板塊	科技、非必要消費品、金融、醫療保健等		
成分股	S&P500 成分股		

表 15. SPY、VOO、IVV 比較 （基準日：2022.2.17）

接著，我們再仔細看一下 VOO。VOO 的正式名稱為「Vanguard 500 Index Fund ETF」，是由先鋒領航管理的 S&P 500 指數追蹤型 ETF。這檔商品是根據 S&P 500 指數企業的總市值占比進行投資，因此，投資產業板塊的比重，也是以資訊科技的 28.7％占比最高，其次依序為醫療保健（13.1％）、非必需消費品（12.0％）、金融（11.2％）。VOO 與 QQQ 一樣，以科技股的占比最高。

先稍等一下。從剛剛我們就一直提到非必需消費品，大家不好奇，它到底屬於哪個範疇嗎？所謂的非必需消費品是指：服飾、餐廳、汽車、媒體等生活非必需的商品與相關的行業。所以當遇到不景氣或經濟衰退的時候，非必需消費品的消費就會減少；反之，當經濟活絡時，非必需消費品的消費就會大幅增加。最具代表性的非必需消費品企業為亞馬遜與家得寶。VOO 投資非必需消費品的比例較高，為 12.0％。除此之外，我們還要觀察其餘產業的比重，了解自己將要投資的 ETF 特性。

再來看一下成分股吧？VOO 投資的前十大成分股與 QQQ 雷同，我們需要關注的是各家企業的投資比重。QQQ 裡蘋果的比重超過 10％，但是在 VOO 裡僅占 7.1％。這是為什麼呢？

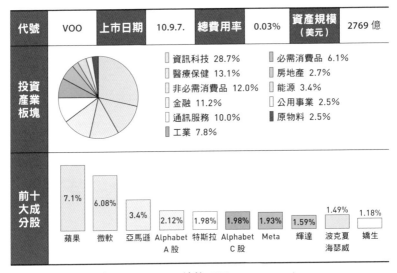

代號	VOO	上市日期	10.9.7.	總費用率	0.03%	資產規模（美元）	2769 億

投資產業板塊

- 資訊科技 28.7%
- 醫療保健 13.1%
- 非必需消費品 12.0%
- 金融 11.2%
- 通訊服務 10.0%
- 工業 7.8%
- 必需消費品 6.1%
- 房地產 2.7%
- 能源 3.4%
- 公用事業 2.5%
- 原物料 2.5%

前十大成分股

| 蘋果 7.1% | 微軟 6.08% | 亞馬遜 3.4% | Alphabet A股 2.12% | 特斯拉 1.98% | Alphabet C股 1.98% | Meta 1.93% | 輝達 1.59% | 波克夏海瑟威 1.49% | 嬌生 1.18% |

表 16. VOO ETF 統整（基準日：2022.2.17）

因為 QQQ 只投資一百家企業，然而，VOO 投資了五百家企業。VOO 有高於 QQQ 五倍的分散投資效果，所以股價漲跌相對平緩，也較穩定。此外，VOO 裡還有 QQQ 的成分股中看不到的公司，如巴菲特的波克夏・海瑟威與金融產業的 JP 摩根大通，這代表 VOO 所投資的資產，比 QQQ 更多樣化。

VOO 中值得注目的企業？

　　接下來，我要介紹的是 VOO 裡的五百家企業中，我最喜歡的兩家公司。首先是蘋果。蘋果的 iPhone 舉世聞名，是一家不需要多做說明的企業。甚至還有一說是，只要貼上蘋果的 LOGO，不管什麼東西都能熱銷，顯示了果粉們強大的忠誠度。這樣子的企業甚至還會發放股息，所以蘋果是一家身為美股投資人都應該關注的企業。巴菲特也投資了蘋果，以 40% 占據了波克夏・海瑟威投資比例的榜首。

　　蘋果最大的優勢在於，不斷嘗試創新。起初，蘋果開發了名為 iPod 的 MP3 播放器，受到全世界的喜愛。接著，又開發出 iPhone，成為智慧型手機事業的領頭羊。蘋果沒有就此止步，又再度挑戰 MacBook、Air Pods、Apple Watch 等各項硬體產業，

圖 16. Apple 的各種設備與 LOGO

並且透過蘋果的服務跨足至平台事業。此外，蘋果現在也製造半導體，甚至還在開發電動汽車。

蘋果經由不斷創新，成為一家能夠持續成長的企業，甚至成為總市值超過全英國 GDP 的跨國企業。一家企業的價值，可與全世界經濟規模排行前十的國家差不多大。已經成為國家級企業的蘋果，不再只是一家單純做智慧型手機的企業，日後也會繼續進化與成長。

下一家企業是 JP 摩根大通。JP 摩根大通，是由 JP 摩根與大通銀行所合併而得名。原本 JP 摩根是一家投資銀行，是發行與交易股票和債券的企業；大通銀行是從事儲蓄與貸款的普通銀行，隨著這兩家企業合併，JP 摩根大通就此誕生。簡單來說，就等同於國民銀行與培育證券合併後的產物。

圖 17. JP 摩根大通總部與 LOGO

金融股會受到利率的大幅影響。當利率下跌的時候，銀行股會受到負面影響，但由於 JP 摩根大通同時肩負投資銀行，因此具有防禦股價的能力。反之，當利率上升的時候，銀行股的收益會上漲，因此，JP 摩根大通的收益也會上漲。JP 摩根大通除了擁有穩定的收益結構以外，也會發放股利，是一家值得投資的企業。

美國的隱藏版珍珠，中小型股 ETF —— IWM

美國股市中，有很多我們不知道的企業，就連特斯拉，受到人們關注至今，也不到十年。所以說，美國裡有許多像珍珠般的隱形企業，可以同時投資這些企業的 ETF，就是追蹤羅素 2000 指數的 IWM ETF。

IWM 的正式名稱為「iShares Russell 2000 ETF」，是由貝萊德所管理的 ETF 商品。名稱裡的 iShare，是貝萊德的 ETF 品牌名稱。IWM 所追蹤的羅素 2000 指數，是由美股底下 2000 家中小型企業股所組成，為總市值排名 1001 ～ 3000 位的企業。IWM 所投資的企業中，也涵蓋了許多內需比重較高、利潤較低的企業，所以對經濟的反應較為敏感，變動幅度也較大。

景氣良好的時候，隨著市場提高對投資風險資產的偏好度，中小型股中就會出現投機勢力；然而，一旦情勢反轉，股價也會大幅下跌。對於這種風險資產，必須要廣泛地分散投資才能降低風險。如果投資人想要穩定投資中小型企業，買進 IWM ETF，就等同於擁有投資 2000 家企業的效果。

接著，我們來看 IWM 的投資產業板塊吧？金融以 16.91% 占比最高，接著依序為醫療保健（16.75%）、工業（15.06%）、資訊科技（13.85%）、非必需消費品（11.15%），可以看出分布在各

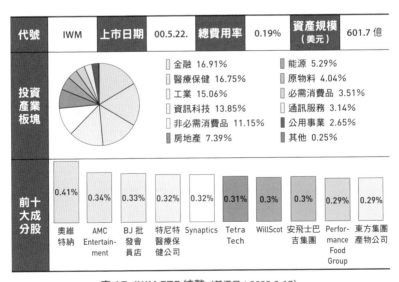

| 代號 | IWM | 上市日期 | 00.5.22. | 總費用率 | 0.19% | 資產規模（美元） | 601.7 億 |

投資產業板塊

- 金融 16.91%
- 醫療保健 16.75%
- 工業 15.06%
- 資訊科技 13.85%
- 非必需消費品 11.15%
- 房地產 7.39%
- 能源 5.29%
- 原物料 4.04%
- 必需消費品 3.51%
- 通訊服務 3.14%
- 公用事業 2.65%
- 其他 0.25%

前十大成分股

0.41%	0.34%	0.33%	0.32%	0.32%	0.31%	0.3%	0.3%	0.29%	0.29%
奧維特納	AMC Entertain-ment	BJ批發會員店	特尼特醫療保健公司	Synaptics	Tetra Tech	WillScot	安飛士巴吉集團	Perfor-mance Food Group	東方集團產物公司

表 17. IWM ETF 統整（基準日：2022.2.17）

圖 18. Crocs 的洞洞鞋與 LOGO

個產業之中。IWM 的成分股中，包含許多總市值低的企業，所以，內需較高且利潤較低的企業數量眾多，排行前十大的企業，也大多是我們陌生的企業。

IWM 投資的企業中，也有一些企業就如同是藏在土壤裡的珍珠，其中最具代表性的就是 Crocs。Crocs 最具代表性的商品就是洞洞鞋，甚至還出現在韓劇《機智醫生生活》之中，這雙鞋子以受到醫師喜愛而聞名。Crocs 所生產的鞋子，至今已銷售超過七億雙以上，近四年來的平均銷售增長率為 13%，利潤為 20%，是製造業中極具吸引力的企業。羅素 2000 指數裡，就有著如此多樣化的企業。

IWM 中值得注目的企業？

接下來，我要介紹的是 IWM 裡的 2000 家公司中，我最喜歡的兩家企業。首先是 Digital Turbine，因為公司名稱裡有「Turbine」這個字彙，看起來可能很像製造業，但其實它是一家平台公司。

我們生活在一個一天沒手機就令人難以忍受的世界。智慧型手機的電池沒電，我們甚至會感到焦躁不安，對於現代人而言，智慧型手機已經是必需品，可以在智慧型手機上使用的 APP 也多不勝數。僅僅在美國，光是開發手機 APP 的公司就有大約二十萬間，每天都有新的 APP 不斷湧現。而 Digital Turbine，就是為這些數不清的 APP 打廣告的公司。

Digital Turbine 的商業模式非常多元，他們會與通訊公司或手機 OEM 業者簽約，推薦首次使用智慧型手機時需要的應用

圖 19. Digital Turbine 的 LOGO 與最具代表性的顧客清單

圖 20. 物流基礎設施示意圖與 STAG Industrial LOGO

程式，也會透過 APP 推薦清單或橫幅廣告，提供可以安裝該 APP 的系統。Digital Turbine 目前已經與 40 家以上的顧客簽訂合約，超過 5 億台以上的智慧型手機都安裝了 Digital Turbine 的平台。Digital Turbine 的企業顧客中也包含了韓國的三星。Digital Turbine 是隨著網路世界愈來愈發達，就愈能得利的企業，而且他們也還在持續創新中。

下一家公司，則是身為不動產投資信託（REITs）公司的 STAG Industrial。他們所出租的，不是我們一般認為的住宅大樓或辦公大樓這類的物件，而是一家由投資倉庫與物流中心所組合而成的，物流基礎設施投資企業。

隨著線下購物被線上購物所取代，線上可以購買的商品變得愈來愈多樣化，現在甚至能線上購買汽車。在這種變化之下，我認為許多人將不再需要線下的空間。但即使我們在線上購買

商品，物品也必須透過線下配送，因此物流基礎設施的不動產愈來愈重要。以前放在百貨公司和商店展示的物品，現在需要的，是直接從倉庫出貨到消費者手上的設施。隨著日後電子商務的市場逐漸擴大，物流基礎設施將會進一步成長。

STAG Industrial 是其中一家與物流基礎設施相關的代表性企業，位於美國中西部與東部，橫跨 39 個州，總共持有高達 1 億 100 萬平方英尺，共 501 座的建築物。這些建築物目前的租賃率為 97.2%；501 座建物中，有 421 座是物流與運輸中心，73 座是製造業，其餘 7 座則是辦公大樓。STAG Industrial 的特色是每個月會發放股利，股利報酬率約落在 3%。

總整理 指數追蹤型 ETF 的種類

1. DIA：追蹤道瓊指數的 ETF，投資美國最具代表性的 30 家績優企業。

2. QQQ：追蹤那斯達克 100 指數的 ETF，投資美國 100 家創新成長企業。

3. VOO：追蹤 S&P 500 的 ETF，均衡投資美國整體市場。

4. IWM：追蹤羅素 2000 指數的 ETF，投資美國 2000 檔中小型股。

$ 第5章 $

為退休做準備的
配息型 ETF 投資

為什麼要投資配息型 ETF

我們投資是為了什麼呢？其中最大的目標應該是想賺很多錢，然後過上幸福快樂的人生吧。我也是基於這個想法才開始投資。在資本主義的社會裡，金錢是獲取幸福不可或缺的重要元素，也跟空氣和水一樣，是維持生命的必要條件。我們的一天只有二十四個小時，把大部分時間花費在賺錢之上，被稱為「工作」。

當一邊工作一邊投資時，漸漸地，我們會開始思考，有沒

有什麼方法可以不需要工作就能賺錢。自己不工作，而是用我的錢幫我工作，為我帶更多錢回來，也就是所謂的「被動收入」。這個時候人們最容易想到的，就是租金和股息。

租金是透過不動產所賺取的收益，股息是透過股票所賺取的收益。但是大部分的人都認為，租金可以大舉獲利，但股息並不行。事實真的是如此嗎？讓我們仔細比較看看吧。

目前投資首爾商辦大樓的租金報酬率大約落在 3 ～ 5％，美國的配息股中，有很多企業的報酬率都與此相當，其中最具代表性的企業是 Realty Income，它是一家經營美國商用不動產的不動產投資信託（REITs）公司，殖利率約為 4％左右，每個月都能有美金進帳。

投資 Realty Income 與商辦大樓，哪一個才是明智的選擇呢？如果還是很難做決定，那我再提出一個問題吧。Realty Income 一股為 8 萬韓圓，但是首爾的商辦大樓一間是 3 億韓圓，哪一個方法，我們比較能夠輕鬆駕馭呢？如果投資資金只有 1000 萬韓圓，當然就只能投資 Realty Income。

但倘若你的手上有 3 億韓圓，我也認為買進 Realty Income 的股票，可能是比投資首爾商辦大樓更聰明的選擇。沃爾瑪和

一般民眾中，哪一者能夠更穩定繳納租金呢？Realty Income 是向沃爾瑪這類企業收租的 REITs 企業，店面管理、租賃問題這種麻煩的事就交給 Realty Income 負責，我們只要作為合夥人投資 Realty Income 就行了。但倘若選擇了投資商辦大樓，不但每年都要招租，還要親自修理老舊的設備。就算你認為這件事沒那麼麻煩，但是比起投資 Realty Income，投資首爾商辦大樓還是需要花費更多的時間，因為股票投資，只要舉起手指點幾下智慧型手機就可以了。

商辦大樓會有買賣利差？但是配息企業每年也都會成長，可口可樂就是如此，Realty Income 也不例外。從稅金方面來說，不動產交易所得稅與股票投資的金融所得稅相比之下，2000 萬元以內的股利所得稅，大幅低於不動產所產生的稅額。雖然超出 2000 萬的部分會根據綜合所得稅而有所差異，但是由此可知，領股息也是一個不錯的選擇。

所以說，配息投資是可以為退休生活每個月帶來穩定收益的必要收入來源。現在就讓我們來看看，投資哪一檔配息型 ETF 比較好吧。

即刻入帳的 REITs 高配息 ETF ── VNQ

很多人都認為房地產投資比較穩定，這個說法只對了一半，但是有一半是錯的。未來具發展潛力、流動人口多的地區，房地產價格會持續上漲，也許會成為不錯的投資方式；但是如果想在人口稀少且景氣蕭條的地區買賣房地產，因為沒有買家，可能因此會成為冤大頭。也就是說，如果想成功投資房地產，就必須具備選擇好物件的眼光。

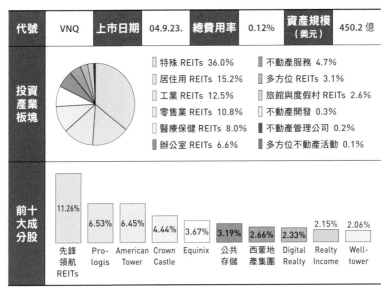

代號	VNQ	上市日期	04.9.23.	總費用率	0.12%	資產規模（美元）	450.2 億

投資產業板塊

- 特殊 REITs 36.0%
- 居住用 REITs 15.2%
- 工業 REITs 12.5%
- 零售業 REITs 10.8%
- 醫療保健 REITs 8.0%
- 辦公室 REITs 6.6%
- 不動產服務 4.7%
- 多方位 REITs 3.1%
- 旅館與度假村 REITs 2.6%
- 不動產開發 0.3%
- 不動產管理公司 0.2%
- 多方位不動產活動 0.1%

前十大成分股

先鋒領航 REITs	Pro-logis	American Tower	Crown Castle	Equinix	公共存儲	西蒙地產集團	Digital Realty	Realty Income	Well-tower
11.26%	6.53%	6.45%	4.44%	3.67%	3.19%	2.66%	2.33%	2.15%	2.06%

表 18. VNQ ETF 統整（基準日：2022.2.17）

然而，REITs 企業會由專家們替散戶分析並投資具有價值的物件，就算自己沒有看房地產的眼光，投資仍然不成問題。

依照居住、工業、土地等房地產投資的類型，市場上有很多種 REITs 的企業，而 VNQ ETF 就是可以一口氣投資所有不同種類 REITs 企業的商品。這檔 ETF 的投資產業板塊包含特殊 REITs（36.0%）、居住用 REITs（15.2%）、製造業 REITs（12.5%）等各式種類，成分股裡也包含了美國最具代表性的建設相關企業，假如日後基礎設施投資持續成長，他們也都是受惠的公司。

VNQ 中值得注目的企業？

接下來，我將介紹 VNQ ETF 成分股中兩家值得關注的企業。首先是 American Tower（美國電塔）。American Tower 是提供無線通訊基礎設施的企業，向 24 個國家提供無線通訊網路的營運和支援服務。

隨著電訊公司加大對基地台的投資，American Tower 作為供應方，租賃收益也跟著不斷增長。American Tower 擁有的

図 21. 基地台示意圖與 American Tower LOGO

無線基地台與無線網路，光是在美國就有 4 萬 3000 座，全世界則總共有 14 萬座。American Tower 主要的客戶有 AT&T、Verizon Communications、T-Mobile，以韓國來說，就相當於 SK Telecom、KT、LG 這類的電訊公司。電訊公司如果想要順利提供服務，就必須向 American Tower 租賃基地台。American Tower 在美國 REITs 企業中總市值排行第一，而且 American Tower 的收益以美國 58%、海外 42%，結構非常多元。隨著 5G 時代到來，通訊技術產業也將繼續發展。American Tower 作為全球規模最大的通訊基礎設施 REITs 公司，地位倍受矚目。

第二家企業是 Prologis。Prologis 是全球物流與商用不動產 REITs 公司，在 19 個國家中擁有 4000 座以上的物流基礎設施，以及 5000 家以上的企業顧客，是一間穩定的企業。

Prologis 最具代表性企業顧客有亞馬遜、DHL、FedEx、家

圖 22. Prologis 的物流中心與 LOGO

得寶、LG 集團等，其中亞馬遜是 Prologis 最大的承租人，就等同於 Prologis 是亞馬遜的房東。Prologis 整體租賃收益中，有 6% 是出自於亞馬遜。

除此之外，Prologis 還擁有各式各樣的物流設施。隨著新冠肺炎肆虐全球，無接觸時代正式拉開序幕，人們對於非面對面服務的偏好程度持續增加，因此電子商務的市場預計也會持續成長，為了滿足日益增長的需求，還需要更多的物流中心與物流設備來滿足消費者，而 Prologis 就是受惠於這種變化的企業。

一般來說，當我們提到房地產投資，都會先聯想到住宅大樓或店面，但這個型態不過只是房地產投資的一小部分，隨著產業發展，愈來愈多商用不動產接連登場。舉例來說，近期因為雲端產業的發展，隨之而來的數據中心腹地需求，以及高齡

化所造成的療養設施腹地需求，都呈現增加趨勢。相較於只投資一家公司或單一產業，投資 VNQ 這種 REITs ETF，就能夠獲得均衡投資各種不動產的機會。

展望未來的股息成長型 ETF

你為什麼投資呢？根據我從事投資顧問的經驗，很少人對於自己的投資期限以及投資目的，會有清楚明確的計畫。大部分的人，都只是在煩惱自己手上的閒錢要投資到哪個地方。但是在這之前，我們要先思考一件事情，就是「我為什麼要投資」。投資三年與投資十年有很大的差別，為了遙遠的未來做準備，進而累積退休資金而投資；跟為了賺一筆近期要使用的大筆資金而投資，兩者並不相同。所以依照投資的風格與目的，對投資的想法也可能會不同。

開始投資之後，最重要的就是持續堅持、不急於賣出，就好像穿上訂製的西服一樣，我們必須用適合自己的方式投資，才能夠長時間在不疲倦的狀態下，保有持續投資的力量。如果投資的方法不適合自己，就會像是穿上一件不合身的衣服，在投資的過程中遲遲無法擺脫內心的焦躁和不安。也就是說，如

果我們想要擺脫周遭的誘惑，堅守自己最初的信念，就必須了解自己的投資風格。

舉例來說，某些人可能不適合投資配息股，因為比起成長股，配息股的股價上漲速度緩慢，相對來說比較煩悶，可能會讓人感覺自己好像虧大了，因此心生厭倦。但是對於完全無法忍受本金虧損的人而言，就算獲利金額不高，但是為了可以確實獲得收益，最好投資債券或配息股。

如果不了解自己的投資風格時，結合配息股與成長股的優點進行綜合投資也是一種方案，例如，投資股息成長股。所謂的股息成長企業，是指既能配發股息給投資人，且公司未來的價值也會持續增值，進而推升股價。我個人比較偏好這種股息成長企業，連巴菲特也是以投資會發放股息且持續成長的企業而著名。

前面我有稍微提到，巴菲特投資的企業中，最具代表性的之一就是蘋果。你可能會反問，蘋果不是成長股嗎？但實際上，蘋果是連續十年調漲股利的股息成長股。雖然跟蘋果目前快速成長的股價相比，殖利率連 1% 都不到，但是十年前投資蘋果的話，現在就可以領取超過 8% 的股利。所以，投資期間愈長，

投資持續調漲股利的企業會更加有利。

因為這種股票很適合投資，所以股息成長股相關的 ETF 也有很多種，我們將比較其中最具代表性的四檔股息成長型 ETF。

項目	DGRO	VIG	SCHD	NOBL
管理公司	貝萊德	先鋒領航	嘉信理財集團	ProShares
上市日期	2014.6.10	2006.4.21	2011.10.20	2013.10.9
總費用率	0.08%	0.06%	0.06%	0.35%
管理資產規模（美元）	227.3 億	642.4 億	338.5 億	96.7 億
股息成長	5 年以上	10 年以上	10 年以上	25 年以上
股息率	2.01%	1.54%	2.89%	2.0%

表 19. DGRO、VIG、SCHD、NOBL 比較表（基準日：2022.2.17）

首先是 DGRO，正式名稱為「iShares Core Dividend Growth ETF」，是由貝萊德所管理的產品，其中成分股是五年來持續增加股利的 391 家績優企業，殖利率落在 2% 左右。

第二檔是 VIG，正式名稱為「Vanguard Dividend Appreciation Index Fund ETF」，是由先鋒領航所管理的產品，成分股是十年以上持續調漲股利的 249 家企業，由科技、工業、醫療保健等各種產業所組成，股息率約為 1.5%。

第三檔是 SCHD ETF，跟 VIG 一樣，是投資十年以上連

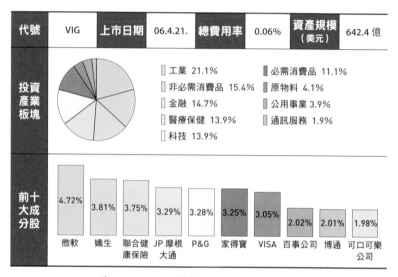

代號	VIG	上市日期	06.4.21.	總費用率	0.06%	資產規模（美元）	642.4 億

投資產業板塊

工業 21.1%　　必需消費品 11.1%
非必需消費品 15.4%　原物料 4.1%
金融 14.7%　　公用事業 3.9%
醫療保健 13.9%　通訊服務 1.9%
科技 13.9%

前十大成分股

微軟	嬌生	聯合健康保險	JP 摩根大通	P&G	家得寶	VISA	百事公司	博通	可口可樂公司
4.72%	3.81%	3.75%	3.29%	3.28%	3.25%	3.05%	2.02%	2.01%	1.98%

表 20. VIG ETF 統整（基準日：2022.2.17）

續調漲股利的企業，正式名稱為「Schwab US Dividend Equity ETF」，是由全球資產管理公司嘉信理財集團所管理的產品。這檔 ETF 的特徵在於，選擇投資標的時，會將債務負擔與獲利能力納入考量，根據這項標準選擇出 100 家企業進行投資。

　　第四檔是 NOBL，一檔投資 66 家，至少二十五年持續調漲股利之企業的 ETF，由 ProShares 管理，正式名稱為「ProShares S&P 500 Dividend Aristocrats ETF」，顧名思義也被稱為「配息貴族股」，在二十五年的漫長歲月裡持續調漲股利，就代表了連

經濟危機期間，這些公司都沒有斷掉配息，持續成長。所以說，這檔 ETF 匯集了這些優秀的公司，其中以工業、必需消費品、金融業占比超過 60%。特別的地方在於，NOBL 採用平均分配的方式進行投資，而不是以總市值的排行分配投資比例。

這四檔股息成長 ETF 中，我平時比較偏好的兩檔分別為 VIG 與 SCHD。考慮這兩支商品的上市日期、管理資產規模、總費用率與成分股的話，報酬率相對來說，比 NOBL 更好。

VIG 中值得注目的企業？

首先，仔細觀察 VIG 的話，會發現它是一檔年均 6.4% 的股息成長型 ETF。在投資產業板塊中，以工業的 21.1% 占比最高，其次為非必需消費品的 15.4%。成分股中可以看到，VIG 包含了科技業龍頭微軟、金融業龍頭 JP 摩根大通、醫療保健業龍頭嬌生等，所有產業中最具代表性的企業。

VIG 投資的 247 家公司中，有兩家值得關注的企業。首先是微軟。微軟是一家成長企業，應該也有讀者會訝異，為什麼會將微軟列在股息成長股裡。微軟以提供 Word、Excel、Power Point 等 MS Office 軟體而聞名，因身為科技巨擘而廣受

圖 23. 微軟的各種軟體與 LOGO

投資人喜愛。大家可能會覺得微軟屬於持續成長中的企業，
跟配息兩個字一點都不搭，但是，微軟確實是極具魅力的股
息成長企業。

其實，微軟是比蘋果更早持續調漲股利的股息成長股，至
今已經連續二十年調漲股利了；再過五年之後，微軟甚至可以
一舉躍升為配息貴族股，長年以來，保持著良好的成長率。
目前微軟的殖利率雖然不到 1％，但是相較於 2010 年度，殖利
率已經增長了 377％，如果當時投資微軟，2022 年就可以領取
10％的股利。除此之外，微軟在雲端產業上大幅成長，是少數
能夠股利與成長兼具的企業。

微軟是每年持續調漲股利，並且企業未來價值獲得高度評
價的代表性案例。長期投資這種股票，就可以領到比高配息企

圖 24. 嬌生的新冠疫苗與 LOGO

業更高的股利。

VIG 中第二個值得關注的企業是嬌生。很多人一提到嬌生，最先想到的是乳液，但是這些我們熟知的產品收入僅占嬌生整體銷售的 16%。嬌生主要的銷售額來源是製藥，占銷售額的 54%。

嬌生是生技醫療保健產業的巨頭，他們擁有被稱為重磅血癌藥物的代表性產品—— Imbruvica。除了新冠肺炎疫苗 Janssen（楊森），我們熟知的 Tylenol（泰諾）與李施德霖漱口水也都是嬌生的產品。除此之外，我們也很常在沒有認知到的情況下使用嬌生的產品。最近，嬌生更跨足手術機器人產業，不斷持續成長。

嬌生也是一家以「配息王者」聞名的公司，整整調漲了五十九年的股利，以穩健的財務結構，充分確保手上的現金流。

此外，嬌生更是一家近三十年來，都維持著穆迪信用評等最高等級 AAA 的全球企業。

另一檔股息成長型 ETF —— SCHD

SCHD ETF 與 VIG 類似，都是投資股息成長企業的 ETF，投資產業板塊以金融的 21.47％占比最高，其次為資訊科技。SCHD ETF 的高股息殖利率，是因為成分股中，殖利率相對較高的金融股比例較高。

SCHD 的成分股中，博通、輝瑞、家得寶等都是投資比重排名前十的成長型企業。其中，輝瑞因為開發新冠肺炎疫苗與治療藥物，創下高銷售額的紀錄；前述我們也提過，家得寶也是業績表現良好的企業。同時投資配息股與成長股的 SCHD，績效表現很不錯，有著近十年來，年均 11.7％的股利增長率。

這裡我想稍微點出，SCHD ETF 選擇投資企業的標準。SCHD 的選股總共會經歷五個階段。

第一階段是連續配息。SCHD 會挑選十年以上持續調漲股利的企業，但是這裡不包括 REITs 企業。第二階段是股利報酬率，SCHD 會在通過第一階段的企業中以報酬率為序，篩選出

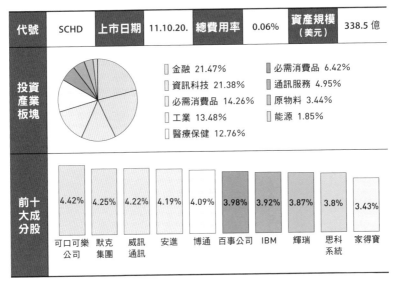

代號	SCHD	上市日期	11.10.20.	總費用率	0.06%	資產規模（美元）	338.5 億

投資產業板塊

- 金融 21.47%
- 資訊科技 21.38%
- 必需消費品 14.26%
- 工業 13.48%
- 醫療保健 12.76%
- 必需消費品 6.42%
- 通訊服務 4.95%
- 原物料 3.44%
- 能源 1.85%

前十大成分股

可口可樂公司	默克集團	威訊通訊	安進	博通	百事公司	IBM	輝瑞	思科系統	家得寶
4.42%	4.25%	4.22%	4.19%	4.09%	3.98%	3.92%	3.87%	3.8%	3.43%

表 21. SCHD ETF 統整（基準日：2022.2.17）

前50%的企業。第三階段會以債務負擔、股東權益報酬率（Return On Equlty，ROE）、股利報酬率、股利增長率（五年）等四項條件評分。第四階段會分別給予第三階段的分數25%的相等權重，整理排名。最後第五階段，會從整理好的排名中，挑選出前100名的企業。

SCHD 會依據總市值的加權值來調整這100家企業的投資比重，並且單一企業的持股比例不超過4%、每個產業的持股比例不超過25%。以上的五個步驟，SCHD每年都會進行四次，

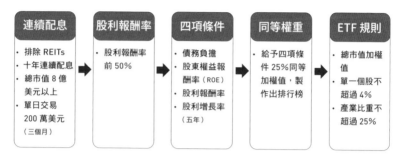

表 22. SCHD ETF 成分股選擇標準

假如有公司業績不好或是縮減配息，就會透過再平衡更換成分股。從過去的案子來看，我們可以看到電信公司 AT&T 原本也納入 SCHD 的成分股中，但是因為不符合五階段的條件就立刻被除名，而且被除名之後，股價的走勢就不是太好。我們不需要逐一去確認問題，只要透過管理公司自己的篩選作業來選股，這也是投資 ETF 的優點。

如月薪般的月配息 ETF

應該每個人都想像過，不用去上班，每個月就會有錢進帳吧？能夠兌現這種愉悅幻想的就是月配息 ETF。接下來，我會介紹三檔最具代表性的月配息 ETF。我希望大家在閱讀的時候，也要同時思考適合自己投資風格的 ETF 是哪一種。

第一檔是前面介紹道瓊指數追蹤型 ETF 時，已經向大家介紹過的 DIA ETF。DIA 所投資的是美國最具代表性的 30 家企業，我就不再贅述了，關於 DIA 的詳細解釋，就留給第四章吧。

　　第二檔 ETF 是 SPHD，是一檔投資 52 家高配息的績優企業的 ETF，正式名稱為「Invesco S&P 500 High Div Low Volatility ETF」。此產品由 Invesco 所管理，以 2022 年 2 月來說，倘若 DIA 的殖利率是 1%的話，SPHD 就超過 3%。SPHD 算是成分股數量較少的 ETF，由於殖利率會根據每天的股價產生變動，如果想要投資 SPHD 的話，希望各位務必確認投資時的殖利率。

　　第三檔 ETF 是 DGRW，是由智慧樹投資所管理的「WisdomTreeUS Quality Dividend Growth Fund」產品，總共投資

項目	DIA	SPHD	DGRW
管理公司	道富集團	Invesco	智慧樹投資
上市日期	1998.1.14	2012.10.18	2013.5.22
總費用率	0.16%	0.3%	0.28%
管理資產規模（美元）	292 億	31.8 億	69.3 億
特色	道瓊	高配息	配息成長
殖利率	1.68%	3.46%	1.85%

表 23. DIA、SPHD、DGRW ETF 比較表（基準日：2022.2.17）

300 家股息成長企業，是在科技、醫療保健、工業領域，投資比重較高的 ETF。

這三檔 ETF 都非常有吸引力，但是從高月配息，又符合前述五大選股標準來看，SPHD ETF 是最符合的投資標的。

SPHD ETF 的投資產業板塊以必需消費品與公用事業的占比最高，兩個產業加總幾乎占比 40%。隸屬這兩大產業的企業，從生活用品到電力、瓦斯、水，所生產的都是與我們日常生活有密切關聯的產品。具體來說，其中最具代表性的就是美國石

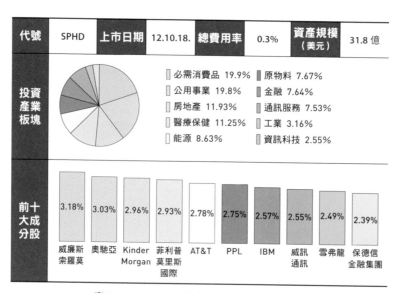

表 24. SPHD ETF 統整（基準日：2022.2.17）

油化學企業雪佛龍、電信公司 AT&T，這些企業的特徵在於有穩定的收益結構，會返還大量股利給股東。SPHD 作為投資這些企業的 ETF，在發放月配息的同時，殖利率也比較高。

　　SPHD 對於喜歡成長型企業的投資人而言，可能是不合適的投資商品。然而，對於退休後，必須馬上仰賴股利生活的人而言，是一檔極具魅力的 ETF。如果現階段沒有領股利的需求，而是想要為退休做準備的話，月配息 ETF 並不是一個適合的投資標的。請恕我再次強調，正式開始投資之前，依照自身情況和投資風格選擇合適的投資標的，才是最重要的。

　　接下來，我要介紹的是 SPHD 投資的 52 家公司中，其中一家值得關注的企業，也就是鐵山公司。鐵山公司成立於 1851 年，是全球排名第一的文書數據委託管理公司，鐵山公司初期以倉庫租賃、物件管理等倉庫租賃 REITs 起家，但是

圖 25. 鐵山公司的數據運輸車與 LOGO

隨著科技愈來愈發達，現在不再僅限於實物，還跨足到了數據與訊息財產保管、管理、廢棄等事業領域。此外，現在更成為了一家提供記錄管理、數據管理解決方案與資訊廢棄服務的企業。

鐵山公司在五大洲的 50 多個國家中，為高達 23 萬家企業顧客提供服務，涵蓋了《財星》雜誌 95％的一千大企業，所有主要產業中具有規模的企業都透過鐵山公司管理訊息。大部分的企業顧客都與鐵山公司簽訂了長期合約，因為管理龐大的重要數據很困難，再加上搬遷費用與安全問題，更改合約是很棘手的事。因此，鐵山公司的股價仍在持續上漲，而且也維持著高配息。

來自世界各地的全球配息 ETF

美國股票市場的規模排名世界第一，如果真的想要投資股票，美股當然是第一首選。但是，光只投資美國，會讓人感覺好像缺了什麼，「假如美國破產怎麼辦？」、又或者是「有沒有其他國家會發展得更加強大？」我們心裡總會對這些疑惑產生好奇。而這些問題，就帶領著我們走向更廣闊的投資世界。

日本、英國、香港、加拿大等各個國家中，也都有很多值得投資的企業，但問題在於，裡面同時也存在許多我們不了解的企業。這種時候，以會分配收益的配息股為主進行投資，相對來說，比較安全。

由於風險較低，近年來，投資人對於全球投資的喜好程度也日益提升。投資各個先進國家與新興國家的人，也是愈來愈多。特別是已經在美國投資的投資人，經常會為了要達到分散投資的效果而尋找除了美國以外的全球投資商品。能夠滿足這種投資心態的，最具代表性的全球高配息 ETF 總共有三檔：VEA、VXUS、IDV。

從上市日期、總費用率、管理資產規模、投資產業板塊、

項目	VEA	VXU	IDV
管理公司	先鋒領航	先鋒領航	貝萊德
上市日期	2007.7.20	2011.1.26	2007.6.11
總費用率	0.05%	0.08%	0.49%
管理資產規模（美元）	1074 億	529.9 億	48 億
主要國家	日本（20%）、英國（13%）	日本（15%）、英國（10%）	英國（23%）、加拿大（11%）
殖利率	3.25%	3.3%	5.45%

表 25. VEA、VXUS、IDV 比較（基準日：2022.2.17）

成分股中來看，三檔 ETF 中以 VEA 最具投資吸引力。從管理資產來看，就可以看出 VEA 的規模比 VXUS 與 IDV 更大，這代表 VEA 是投資人偏好的 ETF，總費用率也只有 0.05％，是很適合長期投資。

那麼，我們來更仔細探究一下 VEA ETF 吧。VEA 是由先鋒領航管理的商品，全名為「Vanguard Developed Markets Index Fund ETF」，是一檔全球高配息 ETF。投資產業板塊是以金融、工業、非必需消費品、科技、醫療保健等景氣敏感行業居多，投資標的國家為日本、英國、加拿大等各個國家。

VEA 總共投資了 4033 家企業，成分股數量跟先前介紹的 ETF 完全不在同一個層級之上。我們可能會認為，投資全球市場比單一投資美股更具風險，但是 VEA 透過分散投資超過 4000 家企業，來維持穩定的收益。

但由於 VEA 投資的企業數量過多，股價變動性較小，報酬率好像也較低，因此很多人會選擇 IDV ETF。IDV 是貝萊德旗下，全名為「iShares International Select Dividend ETF」的商品，是一檔集中投資 100 家全球高配息企業的 ETF，股價變動幅度比 VEA 更大，配息也更高。

但是，選擇高配息產品的時候，務必要當心。配息愈高不代表一定很好，一定要確認避免蝕到本金，股價有持續上漲。比較 VEA、VXUS、IDV 三檔 ETF，會發現 IDV 的殖利率幾乎是其他 ETF 的兩倍，也許看起來很不錯，但是 2020 年 3 月全球新冠疫情最嚴重時，IDV 下跌的幅度不但最深，後續回漲的速度也很緩慢。VEA 與 VXUS 的殖利率雖然比 IDV 少 2% 左右，但是股價有所增長，上漲趨勢穩定。所以我個人比起 IDV，更偏好 VEA。

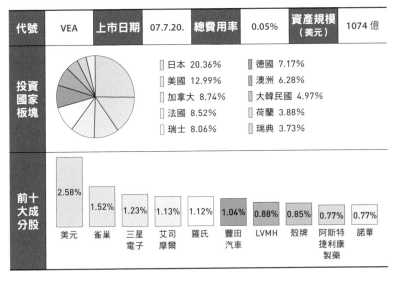

表 26. VEA ETF 統整（基準日：2022.2.17）

讓我們來看一下，VEA 的前十大成分股吧？除了美元以外，大部分的比重都落在 1% 左右，並不高。排名第一的是瑞士食品公司雀巢，對我們而言，是一家以可可牛奶聞名的企業。第二名則是令韓國人驕傲的韓國企業，三星電子。第三名是半導體 EUV（極紫外光技術）設備業者艾司摩爾。看到三星電子的名字可以堂堂登上全球投資標的榜上，身為大韓民國國民的我感到非常欣慰。此外，整體成分股清單上還包含了羅氏、豐田汽車、諾華、Shopify 等卓越的企業。

VEA 中值得注目的企業？

接下來，我要介紹兩家 VEA ETF 中值得關注的企業。首先是艾司摩爾。艾司摩爾是荷蘭的半導體相關企業，也是我在 YouTube 上經常提到的公司。普遍來說，當我們提到半導體相關企業時，都會先想到三星電子、台積電（TSMC）、輝達、英特爾等負責設計與製造的公司。但是有一家公司可以被譽為是半導體企業的「超級乙方」，也就是半導體設備公司，其中最具代表性的是 EUV、沉積、蝕刻等設備公司，其中，艾司摩爾在 EUV 設備產業的市占率高達 85%，是具有相當強大壟斷

圖 26. 艾司摩爾總部與 LOGO

力的企業。此外,在其他蝕刻設備中,科林研發擁有 52% 的最高市占率。

只要新聞上出現三星電子、台積電擴廠或擴大資本支出的消息,艾司摩爾就會獲利。因為當三星要新設半導體廠,就代表三星將會引進艾司摩爾的 EUV 設備。艾司摩爾的訂單已經排到好幾年後了,三星電子與台積電甚至爭相要求先取得設備。艾司摩爾正在努力提升一年內可以製造的設備數量。

評估企業價值的時候,不只是要觀察該企業所屬產業的前景好壞與否,更要注意觀察該企業在該行業當中,保有多少市占率。當然,占有率較高的企業因為眾所皆知,所以股價會產生溢價。投資這種企業的時候,要持續觀察該公司是否有持續獲得好評,有無維持現階段的市占率,以及是否具有經濟護城河。

圖 27. Shopify 的總部與 LOGO

第二家企業是 Shopify。Shopify 是加拿大總市值排名第一，以雲端為基礎的跨國電子商務企業。

Shopify 的命運取決於未來電子商務市場的擴張性。所幸，前景看起來很光明。我們所使用的零售品，僅占電子商務銷售的 12%，也就是說，還有很多商品會轉往線上市場。現在已經進入連汽車也可以在線上購買的時代了，Shopify 有很大的成長潛力。

電子商務公司的成長方式與雲端公司很相似。雲端企業三大巨頭——亞馬遜、Google、微軟，基於高市占率，銷售額和市場整體規模的成長成正比；也就是說，一個處在成長階段的產業，由於市場持續成長，所以只需要維持市占率，銷售額就會增加。由於電子商務市場持續成長，Shopify 只要能夠維持或提升市占率，就可以生存下來。

生活必需品、品牌商品、　　　　　　　美妝、時尚、食品、家俱
電器等　　　　　　　　　　　　　　　　寵物、寢具類等

價格取向　　　　　　　　　　　　　　　興趣取向

表 27. Shopify 與亞馬遜的差別

　　一提到電子商務，就會想到一家獨一無二的企業——亞馬
遜。Shopify 的規模雖然不比亞馬遜，但是它在 2020 年就超過同
產業第二名的 eBay 了。Shopify 如果想要生存下來，就必須和亞
馬遜有所區隔，那麼，亞馬遜和 Shopify 有何不同呢？

　　首先，商品相較之下，亞馬遜的主力商品是生活必需品、
品牌商品、電子產品等；Shopify 則是美妝、時尚、食品、傢
俱、寵物、寢具類等。Shopify 所銷售的是以興趣導向的商品，
而亞馬遜則是販售以價格導向的商品。此外，Shopify 更著重
在賣家而非消費者，因此還提供了結帳、貸款、銷售分析、行
銷、庫存管理、訂單綜合服務等。這些差異點就是 Shopify 特
有的競爭力。

總整理 **配息型 ETF 的種類**

1. VNQ：不動產 REITs 企業與建設相關企業的高配息商品。

2. VIG：股息成長 ETF，投資十年以上持續調漲股利的 249 家企業。

3. SCHD：股息成長 ETF，從十年以上有持續調漲股利的企業中，以債務負擔與股東權益報酬率為考量，挑選出 100 家企業進行投資。

4. SPHD：投資 52 家高月配息的績優企業，適合退休人士。

5. VWA：全球高配息 ETF，投資全球 4000 家以上的企業。

⑤ 第6章 ⑤

為害怕投資的你，所準備的債券與黃金 ETF

存款與 ETF，選哪個比較好？

　　各位近期應該都不乏聽見，身邊有人靠投資股票賺大錢的消息吧？每當聽到這種消息，可能躍躍欲試，產生一股「還是我也來投資試看看？」的衝動，但一方面又擔心虧損，猶豫不決。

　　經歷過低利率時代後，「必須理財」的概念雖已經普及，許多人知道要理財，但因為不知該如何理財，而選擇將大筆資金放在儲蓄和定存，卻還是感到煩惱。有些人認為就算現在賺

錢，總有一天也可能會賠錢，所以對股票或 ETF 投資，避之唯恐不及。但如果本身的投資傾向偏好保本且想保護好資產的安全，當然會選擇儲蓄與定存。屬於這類傾向的人，如果突然買進股票就會一直不斷盯盤，晚上睡不著覺，內心飽受煎熬。

但是這類型的人，務必要記得一件事，銀行的利息已經跟不上物價了。把一大筆錢放在銀行帳戶動也不動，就等同於在一點一滴地虧損。那麼，我們該怎麼做呢？有一個商品，很適合不想承擔虧損風險，想要穩健投資的人，也就是債券型 ETF。

所謂的債券，是指國家、金融機構、企業等借入資金後，會在期限內還款所發行的證書。國家所發行的債券稱為國債；金融機構所發行的債券稱為金融債；企業所發行的債券稱為公司債。

對散戶來說，通常債券的投資難度，被認為比股票還高。不過，還有一個可以像股票一樣輕鬆買賣債券的方法：投資債券相關的 ETF。債券所投資的，是比個人更值得信賴的機構，因此較為穩定，在投資市場不穩定時就會受到關注。ETF 還能達到分散投資的效果，所以是更值得關注的投資商品。

三檔國債 ETF

為了再降低風險，我不介紹債券裡的公司債，而是介紹三檔國債相關的 ETF。第一檔是 SHY ETF。SHY 的名稱為「iShares 1-3 Year Treasury Bond ETF」，是由貝萊德管理的短期債券投資商品，主要投資 1～3 年的短期債券，總費用率為 0.15%。

第二檔是 IEF ETF。IEF 的名稱為「iShares 7-10 Year Treasury Bond ETF」，也是由貝萊德所管理，為中期債券 ETF，主要投資 7～10 年的中期債券，殖利率為 1.2%，頗具股價上漲潛力。

第三檔是 TLT ETF。TLT 的名稱為「iShares 20+ Year Treasury Bond ETF」，是由貝萊德所管理長期債券 ETF。TLT 主要投資二十年以上的國債，殖利率為 1.9%。從短期到長期，殖利率之所以愈來愈高，是因為報酬率的變動也會愈來愈高。風險愈高，股息率也會相對提升。

我來簡單說明一下，長期債券商品的殖利率會高於短期債券商品的原因。假如，A 借一百萬給朋友一年，跟 B 借一百萬給朋友十年，可以從誰那裡獲得更高額的利息？只出借一年的 A，清償債務的機率很高，只要這段時間沒有發生特別的大事，這筆錢就會安然無事被還上，因此也不好意思拿太多利息。至

於 B 呢？B 在這十年之間，有可能會遇到金融危機，搞不好 B 自己也會發生什麼事，所以，就會想要收更多一點的利息吧？因此，短期債券的殖利率較低，長期債券的殖利率較高。

對於原本只用儲蓄和定存理財，首次接觸債券的投資人而言，我最推薦中期債券。另一方面，倘若投資人是想在投資組合中配置更多元的資產，選擇長期或中期商品會比較好。假如自己的投資組合中，已經包含了創新與成長股，就沒必要再提高債券的波動性，最好把重心放在持有美金與穩定性之上。

項目	SHY	IEF	TLT
管理公司	貝萊德		
上市日期	2022.7.22		
總費用率	0.15%		
管理資產規模（美元）	212.3 億	161.6 億	150.4 億
特徵	短期（1～3 年）	中期（7～10 年）	長期（20 年以上）
殖利率	0.26%	0.8%	1.76%

表 28. SHY、IEF、TLT 比較表（基準日 2022.2.17）

黃金／白銀 ETF 投資

投資股票結果慘賠的人，通常會有以下三種選擇。第一種是下定決心再也不碰股票。這種人如果有幸朝房地產發展，又剛好符合自己的投資風格的話，那是再好不過了；但如果沒能找到出路，就很難再透過投資獲利。

第二種選擇是為了快點回補虧掉的錢，大舉買進跟賭博沒兩樣的股票。這個選擇的結局，應該所有人都能料想得到吧？大部分的結局都不太好。但是明知下場，一旦自己成為當事人就很難從中脫身。這種時候還不如暫停投資，照顧自己的身心情況，才是聰明之舉。

最後一種選擇是，利用虧損的經驗，打造更穩健的投資組合。這個方法，也是巴菲特、瑞‧達利歐（Ray Dalio）、彼得‧林區（Peter Lynch）等投資大師所選擇的方法。

這三種選擇中，大部分的人都知道，哪一條路是對的，要怎麼做才能從中獲利。但是，也有很多情況是，即便選擇了第三種方法，卻沒有辦法快速彌補虧損因而感到不安；或是因為資產無法快速累積而感到鬱悶。

其中，大家最不會碰的投資方法，就是原物料投資；也就

是投資黃金、白銀這類的商品。但是「忍耐是痛苦的，果實是甜美的」，只有能夠忍受無趣的投資人，最後才能嚐到甜美的果實。

由於黃金是避險資產，因此一旦發生金融危機，價格就會大漲。持有這種資產，不但能夠彌補股票投資的虧損，還可以利用這點，低價買進好股票。但是經濟危機並不是年年都會發生，對吧？可能十年才會發生一次。投資替代資產就是一場與無聊的戰爭，只有贏得這場戰爭的人，才能獲得豐富的戰利品。

接下來，我要介紹的是保守型投資人一定要持有的黃金、白銀 ETF。首先，是兩檔黃金 ETF，GLD 與 IAU。這兩檔追蹤的都是黃金價格，所以不需要太在意管理資產規模。如果一定要選一檔，我會選擇總費用率較低的 IAU。

項目	GLD	IAU	SLV
管理公司	道富集團	貝萊德	貝萊德
上市日期	2004.11.18	2005.1.21	2006.4.21
總費用率	0.4%	0.25%	0.5%
管理資產規模（美元）	611.6 億	297.4 億	129.7 億
特徵	投資黃金		投資銀

表 29. GLD、IAU、SLV 比較（基準日：2022.2.17）

白銀 ETF 就是 SLV。由於白銀比黃金還更實用，所以帶有些許原物料的性質，波動的幅度也稍大。如果你所持有的 ETF 投資組合的 5% 裡，持有這種 ETF，就可以達到分散投資多樣化資產的效果，希望可以做為各位的投資參考。

總整理　**債券與黃金／白銀 ETF 的種類**

1. **債券 ETF**：收益不高，但是可以保護資產的安全商品。以國債來說，有 **SHY**（短期債券）、**IEF**（中期債券）、**TLT**（長期債券）等。

2. **金／銀 ETF**：為了預防經濟危機，可以持有占投資組合中 5% 以下的比重。是投資黃金（GLD、IAU）或白銀（SLV）的商品。

第7章

符合自己喜好的
主題型 ETF 投資

感受投資的有趣之處

研究愈多全球企業,分析愈多經濟動向與趨勢,就會愈感受到可投資之處如此之多,自己的錢卻遠遠不夠。身為平凡的投資人,即便想要多樣化投資,但礙於資金有限,所以一定會有不得不放棄投資的企業。這個過程中,一定也經歷過捶地惋惜著「果然這行的事業前景比較好,是大勢所趨」的經驗。但投資 ETF,就可以把這種情況發生的機率降到最低。

那麼,我們應該投資哪一種 ETF 呢?投資指數追蹤型 ETF

的話，就可以投資整體股票市場，雖然穩定，但是沒有辦法選擇自己感興趣的產業，因此投資起來會感到有些無趣。所以，根據自己的喜好，投資特定產業和行業的 ETF，也會是不錯的選擇。我將以中長期投資的觀點，介紹這當中值得持有十年以上的六種產業。

製造業的終結者──半導體

我們所使用的電子產品中，大部分內含半導體；我們雖然沒有意識到半導體的存在，但其實，我們隨時隨地都在消費半導體。未來第四次產業革命的加速以及科學技術的發展，將會推升半導體的需求。所以，我認為半導體相關企業的前景，可說是一片光明。

目前，一台內燃機引擎車平均會使用 200 ～ 300 個車用半導體。你可能會以為這樣已經很多了；但是以自動駕駛為基礎的電動車，需要 2000 個以上的半導體。隨著電動車的普及率愈來愈高，車用半導體的市場必然會出現成長。

除了汽車以外，元宇宙、硬體、智慧家電、AI 音箱、智慧型手機等各個產業中的半導體需求，也不斷增加。綜觀世界半

導體市場的銷售額：2020 年是 4404 億美元、2021 年是 5272 億美元，一年成長了 19.7％；預估 2022 年將會創下 5734 億美元的紀錄，規模高達數百兆韓圓。如此有前景的市場，當然會吸引投資人的關注。

全球的半導體企業，包括輝達、高通、博通、英特爾、台積電、三星電子等。在開始投資前，最好對每家企業在各種半導體中的市占率、收益是否良好、有沒有持續進行研究開發等，進行分析、比較，會比較好。但倘若，只是看見半導體產業本身的未來展望，想要投資這個產業的話，買進 ETF 股票就可以獲得良好的成果。

接下來，我要介紹三檔最具代表性的半導體相關 ETF —— SOXX、SMH、XSD。

項目	SOXX	SMH	XSD
管理公司	貝萊德	VanEck	道富集團
上市日期	2001.7.10	2000.5.5	2006.1.31
總費用率	0.43％	0.35％	0.35％
管理資產規模（美元）	85.3 億	86.4 億	12.6 億
成分股數量	32	25	41

表 30. SOXX、SMH、XSD 比較 (基準日：2022.2.17)

由於這些商品是主題式 ETF，所以成分股的數量不會太多，而且多半是由半導體與半導體設備公司所組成。這三檔 ETF 當然也有彼此重複的公司，以 2022 年 2 月來說，三檔 ETF 都有投資的企業共有 16 家，幾乎重疊了一半左右。所以說，比起三檔 ETF 都進場投資，最好選擇成分股中，涵蓋較多自己想投資企業的 ETF。

如果對半導體產業有興趣，想要直接投資特定企業的話，最好選擇三檔 ETF 都有投資的企業。如果三家管理公司都有選擇這間公司，就代表該公司在這個產業裡是獲得認可的企業，最具代表性的就是輝達、博通、英特爾、高通。詳細請參考「表31」的企業清單。

序號	企業名稱	序號	企業名稱
1	輝達	9	亞德諾半導體
2	博通	10	微晶片科技
3	英特爾	11	恩智浦半導體
4	高通	12	美光科技
5	德州儀器	13	思佳訊通訊技術公司
6	超微半導體	14	安森美
7	美滿電子科技	15	科沃
8	賽靈思	16	環宇顯示技術

表 31. 三檔半導體 ETF 重複的企業清單（基準日：2022.2.17）

半導體產業中，值得注目的 ETF？

這三檔半導體產業 ETF 中，最具代表性的商品是 SOXX。SOXX ETF 是由貝萊德所管理，名稱為「iShares Semiconductor ETF」，是同產業的 ETF 中管理資產規模最大的商品。以 2022 年 2 月為基準，SOXX 的投資產業板塊由半導體（80.52%）與半導體設備（19.32%）所組成。

選擇主題式 ETF 的時候，必須要查看自己分析過的公司、想投資的企業，在這檔 ETF 中占多少權重。我個人看好在半導

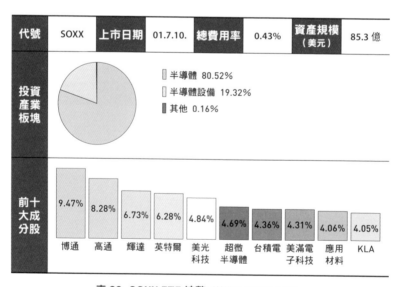

表 32. SOXX ETF 統整（基準日：2022.2.17）

體產業中，具有高度擴張性的輝達與 5G 通訊核心企業博通。特別是輝達的半導體事業，已經將觸角拓展到遊戲、雲端、元宇宙、自動駕駛等各種領域，因此未來價值更高。SOXX 的輝達投資比重排行第三名，為 6.73%，非常之高。博通的投資比重則是排行第一，為 9.47%。

其他 ETF，對輝達與博通的投資比重都不如 SOXX 來得高。如果自己有感興趣的企業，就可以利用這種方式，考慮 ETF 對該公司的投資比例來做選擇，也是一個不錯的方法。希望各位不要只是單純投資有名氣的 ETF，而是要仔細考慮各種因素之後，選擇適合自己的商品。

數據之地，雲端

過去，人們寫信問候彼此，由於書寫空間有限，所以能傳達的訊息並不多。但如今，我們已經可以透過個人電腦或智慧型手機彼此問候，不僅可以發送長篇訊息，還可以一併發送照片、影片。隨著技術愈來愈發達，我們所使用的數據量也一直不斷地增加。

短短幾年前，我們想聽音樂還得下載 MP3 檔案，但是現在

已經可以透過串流服務，即時欣賞想聽的音樂、觀看想看的電影；然而，這些數據的保管者並非使用者，而是雲端。我們吃喝玩樂、搜尋、購物的所有數據都會積累起來，被儲存在雲端。電商公司會利用這些數據，研究消費者的行為模式，醫療保健公司則會即時監控顧客的健康狀態。

未來，若進入元宇宙的時代，我們停留在虛擬世界的時間將會愈來愈長，由此產生的個人資訊與各種資料，將會以等比級數增加，所以說，雲端事業自然會愈來愈活躍。而我們要做的，是仔細觀察這個市場，把握住投資的機會。

投資雲端產業的 ETF 有 SKYY、CLOU、WCLD 等，從上市日期、總費用率、資產規模、投資產業板塊、成分股來看，SKYY 是最有吸引力的投資商品。雖然總費用率 0.6%，略高於

項目	SKYY	CLOU	WCLD
管理公司	First Trust	Global X	智慧樹投資
上市日期	2011.7.5	2019.4.12	2019.9.6
總費用率	0.6%	0.68%	0.45%
管理資產規模（美元）	54.6 億	900 萬	800 萬
成分股數量	68	36	59

表 33. SKYY、CLOU、WCLD 比較（基準日：2022.2.17）

前面介紹的指數追蹤型 ETF，但是，可以期待更高的獲利回報。SKYY 的成分股數有 68 家，將近 CLOU 的兩倍之多，投資的雲端相關企業非常多樣。

雲端產業中值得注目的 ETF？

我們再仔細一點探究 SKYY ETF 吧。SKYY 的名稱是「First Trust Cloud Computing ETF」，是由 First Trust 所管理的雲端相關 ETF。

以 2022 年 2 月為基準，SKYY 的成分股包含了雲端產業市占率前三名的亞馬遜（3.51%）、微軟（3.58%）與 Google（3.79%）。從這三家公司最近公布的業績中，可以看出雲端產業相關的銷售額與利潤都有顯著的成長。專家們認為，雲端事業現在還處在剛起步的階段。

由於雲端屬於軟體產業，所以，SKYY 的成分股清單中，軟體企業的占比都相當大，其中也包含了美國的數據軟體企業甲骨文公司（3.46%）。

成分股清單裡的 Digital Ocean 是 2021 年 1 月上市的公司，雖然沒有排進前十名，但是 Digital Ocean 以相比現有雲端服務

公司更低廉的價格，向中小型企業提供雲端服務，進而占有一席之地。簡單來說，亞馬遜就像是大型超市，而 Digital Ocean 就像是便利商店，為個人創業者或小型公司提供簡單、快速又便宜的服務。

就像大型超市進駐巷弄商圈一樣，有一天，科技巨擘公司也可能會提供像 Digital Ocean 一樣的低價雲端服務。不過，因為我們投資的是 ETF，即便 Digital Ocean 受影響，也不會遭受太大的打擊。即使 Digital Ocean 的銷售額下滑，只要雲端產業的前途似錦，相關銷售額有所增長，SKYY ETF 中的其他企業銷售額也會隨之增加，整體股價也會走揚。如果對於該產業的資訊或知識量不足，不確定哪一家企業會主導市場，投資相關的 ETF 會是聰明的選擇。

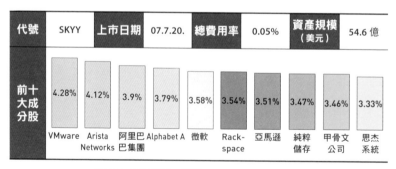

代號	SKYY	上市日期	07.7.20.	總費用率	0.05%	資產規模（美元）	54.6 億

| 前十大成分股 | VMware 4.28% | Arista Networks 4.12% | 阿里巴巴集團 3.9% | Alphabet A 3.79% | 微軟 3.58% | Rack-space 3.54% | 亞馬遜 3.51% | 純粹儲存 3.47% | 甲骨文公司 3.46% | 思杰系統 3.33% |

表 34. SKYY ETF 統整（基準日：2022.2.17）

環境保護是必要條件—— ESG

　　氣候變遷，是財經新聞裡經常報導的議題。酷暑、暴雨、森林大火、寒流等，數百年來首度出現的極端氣候，持續占據著頭條新聞。

　　這是製造業與生活之中所產生的溫室氣體，導致地球溫度上升而產生的現象。2015 年巴黎聯合國氣候變化大會上，已開發國家與開發中國家通過《巴黎協定》，決議把地球平均上升氣溫限制在 1.5℃以下，各個國家紛紛制定了減少溫室氣體排放的目標。韓國也宣布 2050 年以前要完成「碳中和」，計畫將二氧化碳的排放量與削減量達成一致。

　　除了主要國家以外，各家全球企業也開始把 ESG，也就是環境、社會、企業治理納為主要的課題。現在的企業除了單純提升銷售額與利潤以外，還要致力於環境保護；倘若排碳量超過配額，就必須購買碳權，因此減少碳排放的政策不再是選項，而是勢在必行。

　　個人對於環境的意識也愈來愈高，從使用保溫杯到不拿收據、投資 ESG 等級較高的企業，個人為環境保護所付出的努力，也正在以各式各樣的方式擴展著。

國家、企業、機構、個人，所有人都把環境保護視為重要的課題，日後我們會繼續為環境改善付出努力，這代表投資在這個領域的資金也會相當多。全球對 ESG 的投資規模，從 2018 年的 30 兆 7000 億美元，到 2020 年已經增加至 40 兆 5000 億美元了。專家預估這種趨勢將會延續，預估 2030 年金額將增加至 130 兆美元。碳中和的投資，將繼續以等比級數增加，身為投資人的我們，必須要掌握像這樣的大趨勢。

環境保護的投資可以分為兩種：一種是投資 ESG 等級較高的企業，另一種是投資碳權。這兩種方法都有相關的 ETF，目前也持續都有新的 ETF 上市。最具代表性的 ESG 相關 ETF 有 ESGU、SUSA，碳權相關的 ETF 則有 KRBN。

值得注目的 ESG 相關 ETF ？

ESG 相關 ETF 中，值得注目的有 ESGU、SUSA 與 KRBN。其中 ESGU 是由貝萊德所管理的「iShares ESG Aware MSCI USA ETF」，這檔商品是以摩根士丹利評價指數 MSCI USA Index 為基準，從中挑選評價較高的 ESG 相關中、大型股

進行投資。ESGU 是 ESG ETF 中管理資產規模最大的 ETF，共投資了交易量活躍的 324 家企業；由於是以績優企業所組成，其中也包含了配息股，所以，ESGU 也是一檔會發放 1% 左右股利的 ETF。

第二檔是 SUSA ETF，由貝萊德所管理的商品，名稱為「iShares MSCI USA ESG Select ETF」。這一檔是以 MSCI 的 ESG 評估資料作為基礎，投資 ESG 等級較高之企業的 ETF。

最後，KRBN ETF 是投資碳權的商品，全名為「KraneShares Global Carbon Strategy ETF」，投資的是市場規模最大的歐洲與美國三大市場的碳權期貨。

韓國的散戶原本就無法直接交易碳權，如果對這個領域有興趣，就必須尋找海外的商品。韓國國內的資產管理公司，現

項目	ESGU	SUSA	KRBN
管理公司	貝萊德	貝萊德	CICC
上市日期	2016.12.1	2005.1.24	2020.7.30
總費用率	0.15%	0.25%	0.79%
管理資產規模（美元）	243.4 億	40.1 億	17.6 億
成分股數量	324	184	3（碳權）

表 35. ESGU、SUSA、KRBN 比較（基準日：2022.2.17）

在也已經推出了投資海外碳權的 ETF，提供給想在韓國國內投資的投資人，作為參考。

從 ESG、SUSA 的成分股中可以看到，裡頭包含了許多如蘋果、微軟、Google、輝達、特斯拉等，我們熟知的 S&P 500 中的企業。如同前述所見，如果你投資指數追蹤型的 ETF，多少都會有重複的企業出現。假如你正在投資指數追蹤型 ETF，又對 ESG 領域感興趣，選擇 KRBN 可能會比較合適。倘若你只想在指數追蹤型商品和 ESG 中擇一，最好從 VOO、QQQ、

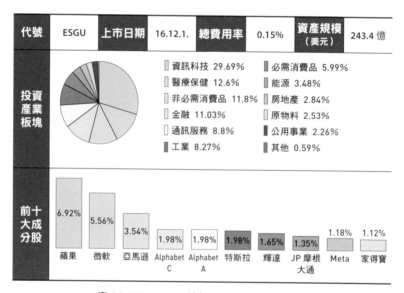

表 36. ESGU ETF 統整 （基準日：2022.2.17）

ESGU、SUSA 中選擇其中一檔進行投資。如果你是想要單獨投資碳權，那麼選擇 KRBN 即可。KRBN 這個商品與股票的相關性較低，適合獨立被放進投資組合當中。

比地球浩瀚的另一個世界──元宇宙

內燃機引擎車問世後，人們比起以前可以移動的距離更遠了。電腦出現之後，企業一天可處理的工作量急遽增加。個人電腦使人們可以接觸到網路這個新世界，從中輕鬆且快速獲取各式各樣的資訊。智慧型手機問世之後，我們隨時隨地都能夠取得、撰寫、享受自己想要的資訊。

如今，Instagram、YouTube 等各個平台上也不斷湧入大量的資訊。隨著數據愈來愈多，可以把數據保存在虛擬空間的雲端產業也開始成長。在這個時候又颳起了一波新的炫風，也就是元宇宙。

元宇宙是虛擬世界的另一種呈現形式，擁有比虛擬世界更複雜的產業結構。它對於非面對面的互動進行了最佳化，還提供了各種過去在網路上無法享受的體驗，是近期最受矚目的關鍵字。

但是，這個字彙很快就會從我們的日常言語中消失，因為元宇宙將會成為一個非常日常的字彙。這是什麼意思呢？原理是這樣的。譬如，當我們走在路上突然想喝星巴克的咖啡，這個時候我們會說：「你找一下哪裡有星巴克吧」，但不會有人說：「你拿出智慧型手機，打開網路之後，找一下哪裡有星巴克吧」。當元宇宙像這樣深入我們的生活，變成我們生活的一部分之後，我們就不會再聽到這個字彙了。大家現在對元宇宙可能有些陌生，但是在不久的將來，元宇宙就會成為深入我們日常生活的概念與產業。

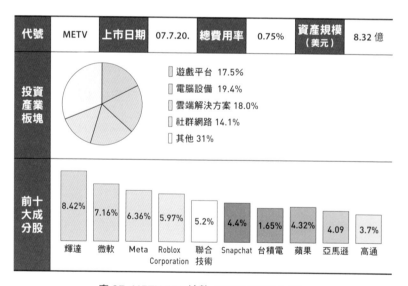

表 37. METV ETF 統整（基準日：2022.2.17）

就好比，過去投資智慧型手機與網際網路的人，最後都獲利豐碩一樣，元宇宙也是一個很有吸引力的投資標的。

從元宇宙的前景來看，2020 年 957 億美元的市場規模，預估將會在 2030 年擴展至 5429 億美元。眼光精準的科技巨擘與核心企業，正不遺餘力地進行元宇宙相關的投資與研究；Facebook 甚至把公司名稱改為 Meta，在元宇宙產業上卯足全力。

最近也上市了元宇宙相關的 ETF —— METV，由 Roundhill 所管理，商品名稱為「The Roundhill Ball Metaverse ETF」，總費用率 0.75％偏高，所投資的 42 家企業，大部分都是我們熟知的科技巨擘。

假如投資追蹤 S&P 500 指數的 ETF —— VOO，大多數的成分股都可能與 META 重複，以這種情況來說，因為 META 的總費用率較高，所以沒有必要同時投資，乾脆買進追蹤 S&P 500 指數或那斯達克 100 指數的商品會更好。但倘若你平時對元宇宙非常感興趣，看好相關產業的發展，站在想提高權重的角度來說，重複投資兩檔 ETF 也無妨。但務必要記得，了解後再投資，與在不了解的情況下投資，並不相同。希望各位都要確認現在想買進的股票，跟自己的投資方向與策略是否吻合。

投資各種創新技術的主動式 ETF

隨著第四次工業革命，電動車商業化，特斯拉的股價大幅上漲。2020 年的美國投資人之中，有投資特斯拉跟沒投資特斯拉的人，可謂是悲喜兩樣情。這件事也提醒了投資新創企業的重要性，但是我們也不能因為創新，就盲目投資還沒有開始帶來收益的企業。如果對新創企業有興趣，又不知道該投資什麼，方舟投資的產品會是一個不錯的答案。

方舟投資從特斯拉的企業價值還沒受到認可的時候，就開始投資特斯拉了，還一度成為了被投資者嘲諷的管理公司。但是隨著第四次工業革命拉開序幕，相關的新創企業股價跟著上漲，方舟投資的投資策略才被認為不是空穴來風。隨著旗下所有 ETF 股價大幅上漲，方舟投資的管理資產規模攀升至全球管理公司第十二名。從來沒有一家管理公司可以靠著僅僅八檔股票就上漲至這種程度，可謂是一次史無前例的成長。但是大幅上漲，就會遇到大幅度的盤整，由於近期新創企業處於跌勢，所以目前的狀態，波動性較高。

創新投資的核心，是以中長期的觀點持續投資。沒有人知道哪一家新創企業會在哪一個時間點爆紅；但如果堅持投資前

景看好的企業，就能創造出好的結果。如果想投資這種成長動能較高的企業，方舟投資的 ETF 是不錯的投資標的。

　　但是有一點必須要注意。沒有人知道新創企業什麼時候會大幅成長，但是在景氣不好的時候，新創企業會有比任何其他公司都更快走跌的現象；所以在這檔 ETF 上投入過多的資金，並不是一個理想的選擇，這也是為什麼方舟投資近期業績表現不佳。因為新創企業需要長時間的等待，所以要設定好一個自己可以承擔漲跌幅的投資金額。

　　方舟投資是以「主動式 ETF」聞名的資產管理公司。一般的 ETF，基本上是根據現有指數的成分股進行投資的「被動式 ETF」；但是主動式 ETF 不一樣，是透過積極交易成長股，追求比被動式 ETF 更高的超額獲利。

　　方舟投資是以六檔主動式 ETF 和三檔被動式 ETF 所組成，這裡我們簡單看一下這六檔主動式 ETF。第一檔是 ARKK，這檔主要投資破壞創新式企業；第二檔是 ARKQ，投資自動化與機器人學的商品；第三檔是 ARKW，投資次世代網路；第四檔是 ARKG，是基因工程相關 ETF；最後一檔是 ARKX，投資航太領域的 ETF。

項目	ARKK	ARKQ	ARKW	ARKG	ARKF	ARKX
管理公司	方舟投資					
上市日期	2014. 10.31	2014. 9.30	2014. 9.29	2014. 10.31	2019. 2.4	2021. 3.20
總費用率	0.75％	0.75％	0.83％	0.75％	0.75％	0.75％
管理資產規模（美元）	121.7 億	16 億	25.6 億	38.3 億	16 億	400 萬
特徵	破壞式創新	自動化、機器人學	次世代網路	基因工程	創新金融	航太
成分股數量	41	39	40	53	36	36

表 38. ARKK、APKQ、ARKW、ARKG、ARKF、ARKX 比較 (基準日：2022.2.17)

　　每檔 ETF 都是個別管理，所以這六檔 ETF 的成分股也會重複。以特斯拉來說，特斯拉屬於破壞式創新公司，被包含在 ARKK 之內，但由於特斯拉也跟自動化、機器人學、次世代網路有相關性，所以也被包含在 ARKQ 與 ARKW 中。如果想要綜合投資新創企業，ARKK 最適合，但如果想要投資特定產業，就可以看看該產業的企業都聚集在哪一檔 ETF 後，再做選擇。

　　仔細觀察各檔 ETF 的管理資產規模，還可以獲得額外的提示。有一檔 ETF 的管理資產規模相較其他產業來說特別小，也就是 ARKX ETF。雖然較晚上市也有影響，但如果 ETF 的成分股數量較少、資產規模較小，就意味著該檔 ETF 涵蓋的產業與

企業還在成長的初期階段。由於航太產業才剛開始不久，因此很難預測哪一家公司的哪一個事業有可能大幅成長，所以為了提高成功的機率，才選擇投資多家公司。

創新 ETF 不應該占超過整體投資組合的 10%，才能夠在承擔波動性的同時，長期持有。希望大家不要盲目投資鉅款，導致晚上睡不著覺。

值得注目的創新相關 ETF ？

讓我們來仔細探究一下，方舟投資六檔主動式 ETF 中，最廣為人知的 ARKK ETF 吧。ARKK 的全名為「ARK Innovation ETF」，是於 2014 年上市的商品。

以 2022 年 2 月為基準，ARKK 的成分股總共有 41 檔，由於是主動式 ETF，所以每天的成分股數量和比例都會變化；但即便如此，ARKK 很少會發生一次性全部賣出的情況，都是分批買進、分批賣出。每天的交易內容都會透明分享給投資者，我們可以藉此分析方舟投資的投資趨勢。

以 ARKK 的成分股排行來看，2022 年 2 月的時候，依序為特斯拉（8.36%）、Roku（6.46%）、Teladoc Health（6.41%）、Zoom

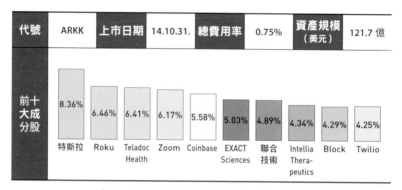

代號	ARKK	上市日期	14.10.31.	總費用率	0.75%	資產規模（美元）	121.7 億

前十大成分股：特斯拉 8.36%、Roku 6.46%、Teladoc Health 6.41%、Zoom 6.17%、Coinbase 5.58%、EXACT Sciences 5.03%、聯合技術 4.89%、Intellia Therapeutics 4.34%、Block 4.29%、Twilio 4.25%

表 39. ARKK ETF 統整（基準日：2022.217）

（6.17%）、Coinbase（5.58%）；果不其然，特斯拉位居第一。除此之外，Teladoc Health 是最強的遠距醫療企業，Coinbase 則是不久前剛上市的比特幣交易所。Zoom 則是以影像會議服務聞名的企業，Roku 則是被稱為 OTT 界的 Google。此外，在 ARKK 投資比重靠前的企業中，聯合技術是 Metabus 產業的核心企業，具有呈現虛擬實境的設計工具。

創新投資所投資的是，未來銷售額與淨利可能會比現在更高的企業，ARKK ETF 是最具代表性的創新投資商品，投資著各式不同產業與企業。雖然任誰都不知道未來將會如何，但是方舟投資透過說故事的投資方式，確實相當具有吸引力。

網路非法地帶的警衛──網路安全

最近，隨著元宇宙大舉受到矚目，我們關注的不是眼前的現實世界，而是對虛擬世界愈來愈感興趣；實際上，我們也能感受到虛擬世界正在擴張。雖然說起來有點虛無飄渺，但是我們已經間接在體驗著元宇宙了，最具代表性的案例就是智慧型手機，短時間離手就會使我們感到空虛。我們用 Kakaotalk 聊天、在 Instagram 上傳照片、到 YouTube 看影片、使用網頁或 APP 購物，這所有的一切行為都不是發生在現實世界，而是在網路的世界裡。把這些行為更具象化的過程，就是移動到元宇宙的過程。

新冠病毒爆發之後，隨著與他人見面的次數減少，我們開始習慣非面對面生活，我們的生活正在更快地過渡至元宇宙的世界。但是我們的所有資訊和技術轉移至線上的過程，真的安全嗎？目前對於網路安全與虛擬空間的犯罪行為規範，依照各平台的內部規定，大多都僅限於阻斷 IP，只要利用其他帳號或電腦申請，就可以再重新犯罪；這也進一步導致各種平台與主要機構，頻繁發生恐怖襲擊的事件。

全世界的網路犯罪損害規模正持續增加。如果維持目前的

趨勢，專家預估在 2025 年損失金額將會超過 1 兆美元。全世界目前都在針對網路安全進行討論，相關企業的技術發展迫在眉睫。在討論的過程中，美國政府有與科技巨擘們共同開會，Google 與微軟為了解決網路安全問題，答應會分別投資 100 億與 200 億美元。

投資人就應該要關注這種有資金聚集的產業。如果要選兩檔網路安全相關的 ETF 做介紹，那就是 CIBR 與 HACK。首先，CIBR ETF 主要由軟體或網路公司所組成，但是也有投資航太及防禦等各種產業。HACK ETF 則是以網路安全硬體與軟體、安全服務企業所組成，是比 CIBR 更著重於網路安全的 ETF。

項目	CIBR	HACK
管理公司	First Trust	ETFMG
上市日期	2015.7.17	2014.11.11
總費用率	0.6%	0.6%
管理資產規模（美元）	52.1 億	19.6 億
成分股數量	36	65

表 40. CIBR、HACK 比較（基準日：2022.2.17）

值得關注的網路安全相關 ETF 與企業？

比較 CIBR 與 HACK 近五年的報酬率，可以看到 CIBR 年平均為 22.8%，然而，HACK 為 20.33%，CIBR ETF 每年多獲利了 2.5%。管理資產規模方面，CIBR 也是 HACK 的兩倍之多，所以，讓我們來仔細看一下 CIBR ETF 吧。

CIBR 是由 First Trade 所經營管理的「First Trust NASDAQ Cybersecurity ETF」。截至 2022 年 2 月，CIBR 的成分股數量總共是 36 個，大部分都是我們較為陌生的企業，因為這個產業本身就相對不為大眾所知。

CIBR 的成分股占比依序為思科系統（6.35 %）、Palo Alto Networks（6.17 %）、埃森哲（5.91 %）、Crowd Strike（5.59 %）、

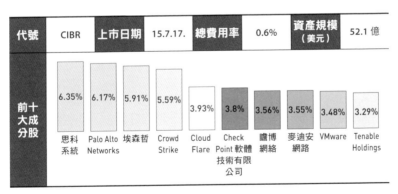

表 41. CIBR ETF 統整（基準日：2022.217）

Cloud Flare（3.93%）。也許也會有讀者想要直接投資這個產業，所以我會試著從 CIBR ETF 的成分股中，以銷售額、營業利潤、R&D 投資、現金流、未來價值等方面進行考量，選出三家核心企業。希望各位都要仔細觀察該企業，確認清楚 CIBR 的投資部位，以及這檔股票是否符合自己的投資價值觀。

　　第一家企業是思科系統。思科系統是世界最大的網路設備業者，第一個開始銷售連接不同網路所需要之路由器的公司，在網路市場有 60％以上的市占率。目前思科系統的主力事業是網路相關的設計與服務。未來 5G、自動駕駛汽車、雲端、大數據、IoT 等各種產業都需要運用到網路，因此思科系統的未來一片光明。

　　第二家企業是 Crowd Strike，是一家雲端專業網路安全企業，為超過 8416 家企業提供服務，是一間穩定的公司。Crowd Strike 的系統具有透過人工智能搜集數據進行改善的特點，具有數據累積得愈多、表現就會愈好的良性結構。這個系統從即時偵測病毒到處理完畢所要花費的時間只需要六分鐘左右；除此之外，在一個平台上就能執行與管理所有功能，因此使用上非常方便。Crowd Strike 是一家指日可待的企業。

最後一家，我要介紹的企業沒有排進前十名，公司名稱為Fortinet。Fortinet 是一家網路安全企業，提供綜合安全與連網功能，可以保護使用者免於受到網路與內容的安全威脅。是網路安全相關公司中，唯一維持穩定銷售與淨利的企業，股價也持續地上漲。

　　以上為各位介紹了半導體、網路安全等各種主題式 ETF，以及涵蓋在其中的幾家企業。如果各位正在考慮要直接投資該家企業，請務必要以該公司的財務報表分析為基礎，評估該公司的企業價值、市占率以及未來展望。像半導體這種規模較大，已經經歷過幾次循環的主題，選擇直接投資也無妨；但是像網路安全這種還處於起步階段的主題，裡面還存在著淨利潤赤字的企業，由於還無法確認哪一家公司會主導整體市場，所以比起直接投資，選擇用 ETF 投資的方式會更好。

總整理 適合放進投資組合的主題式 ETF 類別

1. **SOXX**：半導體產業的代表性 **ETF**。

2. **SKYY**：雲端產業的代表性 **ETF**。

3. **ESGU**：ESG 產業的代表性 **ETF**。

4. **METV**：元宇宙產業的代表性 **ETF**。如果已經投資 **VOO** 的話，因為成分股可能重複，請謹慎投資。

5. **ARKK**：方舟投資的代表性 **ETF**。

6. **CIBR**：網路安全產業的代表性 **ETF**。

我的第一個
ETF 投資組合

第8章

適合與 QQQ
一起投資的 ETF

彌補缺點的投資組合

韓國人持有量最多的美國股票前十名中,有兩檔 ETF。以 2022 年 2 月為基準,排名第八位的是 QQQ(約 14 兆 4000 億韓圓)、第九名是 SPY(約 1 兆 800 億韓圓)。實際上,SPY 的管理資產規模比 QQQ 更大,上市日期也早於 QQQ 六年;從這裡就可以明顯看出,韓國投資人們偏好包括科技公司在內的成長股。

投資 SPY 的話,就可以平均投資美國的所有產業,由於 SPY 成分股有 500 家企業,投資企業家數較多,也能達到分散

投資的效果。反之，QQQ 只投資 100 家企業，重點放在成長之上，因此相較於 SPY 稍微不穩健。

所以，如果想投資 QQQ，最好要同時投資能夠彌補 QQQ缺點的 ETF。如果你現在正 100% 投資在 QQQ 上，或是正在苦惱著是否要買進 QQQ 的話，我現在要介紹五檔適合與 QQQ一起投資的 ETF，請仔細看好了。

QQQ + VOO

第一個組合是「QQQ + VOO」。VOO 跟 SPY 一樣，是追蹤 S&P 500 指數的 ETF，由於總費用率比 SPY 低，所以我選擇投資 VOO。同時買進 QQQ 與 VOO，就等於同時投資了那斯達克 100 與 S&P 500。

QQQ 的成分股中有 70％ 也包含在 S&P 500 裡，所以同時投資 QQQ 與 VOO 的話，就會重複投資到科技成長企業，大家可能會認為這個投資組合不太好。但是反過來說，如果已經投資了 VOO，但想要更著重在當中的科技成長企業上的話，投資 QQQ 是很好的解決方案。從 QQQ 的立場上來說，則是可以達到分散投資的效果。

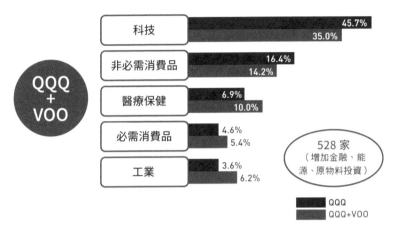

表 42. QQQ 與 VOO 的組合（基準日：2022.3.4）

　　讓我們來看一下，如果以 1：1 的方式投資 QQQ 與 VOO 的話，投資產業板塊會有什麼樣的變化。從「表 42」上我們可以看到，如果只投資 QQQ 的話，科技領域就占比了 45.7％。然而，如果以 1：1 的比例同時投資 VOO 的話，科技產業的占比就會下降至 35.0％，非必需消費品的占比會從 16.4％減少至 14.2％。反之，醫療保健會從 6.9％增加至 10％，除此之外，還能同時投資到 QQQ 裡原本沒有的金融、能源、原物料產業，達到更廣泛為投資的效果。

QQQ + VNQ

第二個組合是「QQQ + VNQ」。VNQ 是前述我們已經介紹過的房地產 REITs 相關 ETF。由於 QQQ 著重於成長股，所以配息相對較低，特別是其中完全沒有投資房地產領域，所以 VNQ ETF 可以彌補這些缺點。

從保守的觀點看來，如果想要投資高配息比重的人，可以用 1：1 的比例投資 QQQ 與 VNQ。但是一般來說，大部分想投資 QQQ 的投資人，重點都放在投資成長股之上，所以用 2：1 左右分配 QQQ 與 VNQ 比較適合。如果投資傾向更積極的話，以 3：1 或 4：1 分配也無妨。

接著我們來看一下，如果把 QQQ 與 VNQ 的投資比重分為 2：1，投資產業板塊會產生什麼樣的變化。從「表 43」上可以看到，首先，科技產業的比重從 45.7％ 變成 30.5％，非必需消費品從 16.4％ 下降至 11.0％，此外，醫療保健產業也從 6.9％ 減少至 4.6％，各個產業中減少的部分都增加到了 REITs 的投資比重之上。VNQ ETF 的殖利率落在 2.8％ 左右，比投資 QQQ 可以領取的 0.5％ 多出了五倍；投資這兩檔 ETF 的話，就可以同時坐擁成長與股息。

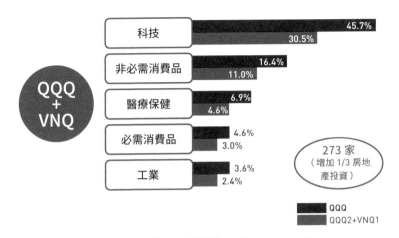

科技 45.7% 30.5%

非必需消費品 16.4% 11.0%

醫療保健 6.9% 4.6%

必需消費品 4.6% 3.0%

工業 3.6% 2.4%

QQQ + VNQ

273 家
（增加 1/3 房地
產投資）

■ QQQ
■ QQQ2+VNQ1

表 43. QQQ 與 VNQ 的組合（基準日：2022.3.4）

再補充另外一點，QQQ ＋ SCHD 的組合。也是能夠同時坐擁成長與配息的好組合。就像 QQQ ＋ VNQ 一樣，QQQ 負責成長，SCHD 負責配息。

QQQ ＋主題

第三個組合是「QQQ ＋主題」。投資 QQQ 的同時，一起投資以自己喜歡的領域為重心的 ETF。可以從前面已經解釋過的半導體、雲端、ESG、元宇宙、創新成長、網路安全中選擇其中一項，也可以乾脆選擇的其它產業。

以我個人來說，如果要選一檔跟 QQQ 一起投資的 ETF，我會選擇投資碳權的 KRBN ETF。到 2050 年以前，碳中和是我們不得不關注的主題，環境問題也是人類必須解決的問題，所以日後有很高的機率，會有國家級的資金大規模投入。碳權是這些問題的核心，甚至跟股票的關聯性也很低，所以投資 KRBN 可以同時獲得分散投資的效果。我們最好像黃金或債券一樣，以不同股票的其他資產概念來投資 KRBN ETF，比重以 10 ～ 20% 較適合。

QQQ + VEA

第四個組合是「QQQ + VEA」。VEA 是第五章介紹過的全球高配息 ETF。我們在看 VNQ 與 QQQ 的組合時就有稍微提到，QQQ 最大的弱點就是配息。所以，同時投資比 VNQ 擁有更廣範圍的全球高配息 ETF，也是不錯的選擇。

VEA 是一檔投資超過 4000 家企業的 ETF，可以大大提升分散投資的效果。由於成分股數量非常之多，大家可能會擔心這是不是一檔危險的 ETF。但是 VEA 投資了韓國代表性企業

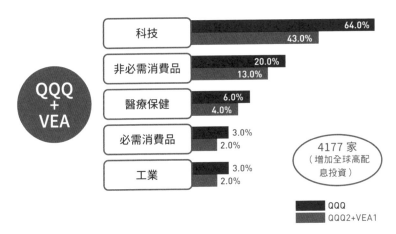

表 44. QQQ 與 VEA 的組合 (基準日：2022.3.4)

三星電子，與半導體設備業界第一把交椅的 AMSL，是一檔可靠的 ETF。

　　假如我們把 QQQ 與 VEA 的投資比重抓在 2：1，QQQ 的投資分配就會分別減少三分之一，這些減少的部分，就會被投資到隸屬於 VEA ETF 的 4000 多家的企業，具體的變化請參考「表 44」。以這個組合投資，就可以打造出成長與配息均衡的投資組合。

QQQ + IEF

　　第五個組合是「QQQ + IEF」。一般來說，投資組合都是由配息、成長、債券、原物料等四大領域所組合而成，其中最基本的就是債券，因為債券可以發揮美元資產的作用。

　　如果想在投資 QQQ 的同時，擁有穩定的現金資產，建議買進投資中期債券的 IEF。明明還有短期債券（SHY）與長期債券（TLT），但我們之所以要選擇中期債券（IEF）的原因很簡單，因為中期債券的配息比短期債券更高，報酬率的波動性又比長期債券更小。但如果想要擁有更大幅度波動性的投資人，改為投資長期債券（TLT）也無妨，只要根據自己的投資風格做選擇就行了。建議此部分的投資比例占投資組合的 5 ～ 10%。

　　也許各位會想，平常有需要投資債券嗎？但是，一旦發生經濟危機，事情就不一樣了。債券可以減少資產的波動性，也可以成為買進觸底股票的子彈。所以說，最好把債券當成是為五年或十年發生一次的風險買保險。

　　目前為止，我已經介紹了五檔適合與 QQQ 一起投資的 ETF。QQQ ETF 的投資板塊中，科技與非必需消費品產業加總起來是 62.1%，等同於集中投資在這兩大產業上。方才我所

介紹的五檔 ETF，可以彌補 QQQ 的弱點，這種投資策略稱為「啞鈴策略」。運動的時候，啞鈴的兩側必須等重才安全；與此同理，成長跟配息的比重要好好搭配，才能達到穩定又有效的投資。

如果你現在有想投資的 ETF，可以看著本書所介紹的各種 ETF，試著建立自己的啞鈴策略。在這裡把視野放寬，就可以建構出具體更符合自己投資取向的投資組合。在第三部裡，除了 QQQ 以外，我還會列舉在各種情況下，建立合適投資組合的各種方法以及實際案例。

總整理 | **適合與 QQQ 一起投資的 ETF**

1. **VOO**：可以均衡地投資美國的產業，彌補 QQQ 著重於成長的不穩定性。

2. **VNQ**：投資房地產 REITs 的 ETF，可以補足 QQQ 月配息相對較低的缺點。

3. **各種主題式 ETF**：額外投資自己感興趣之產業的 ETF。

4. **VEA**：全球高股息 ETF，可以補足 QQQ 月配息相對較低的缺點。

5. **IEF**：中期債券 ETF，彌補 QQQ 不穩定性的同時，又可以保護美元資產。

第9章

建立
ETF 投資組合

投資組合的兩大必要條件

　　買進朋友說不錯的股票，覺得 YouTuber 介紹的股票好像也不錯，再買進來；接著又再買進自己研究過後覺得不容錯過的股票。最後，讓自己的股票帳戶成為一家百貨公司，堆滿了一堆不知道什麼時候，為什麼要買進、又應該在什麼時候賣出的股票。但不管再好的股票，只要買貴就是壞股票。為了幫助大家不再失控地胡亂投資，在此，我將介紹兩種建立投資組合的方法。

第一個方法是了解自己的投資風格。建立自己的投資組合不等於買進別人叫好的股票；而是經由了解自己的投資風格，並根據投資風格選擇出可長期投資的股票。大家可能會覺得這已經是陳腔濫調了，但因為很重要，所以才會被反覆提及。

　　所謂知己知彼，百戰不殆，我們為了了解敵人，仔細計算與分析該企業的財務報表、股票圖表與基本面（主要宏觀經濟指標），但卻沒有打算了解自己，是哪一種類型的投資人。不管收益再高、再厲害的方法，過程都不如我們想像中簡單。在特斯拉這種股票上，有的投資人可以熬過痛苦時期，最終擁抱獲利；但也有投資人熬不過痛苦的高牆而認賠殺出。對於後者而言，比起投資波動性較大的創新科技企業，更適合投資穩定配息的企業。就好比合身的衣服，才能長時間舒舒服服地穿在身上一樣，投資也是相同的道理。要先了解自己是哪一種投資人，才能夠建立適合自己的投資組合。

　　至於要如何得知自己是哪一種投資者，很遺憾的是，這個問題不像考試一樣，用三言兩語就能立刻給出正確答案。我們必須經過深思熟慮，思考在經歷經濟危機與繁榮時期的當下，自己總是會做出什麼樣的選擇，當下的心境如何，把從這個過

程中，了解到的投資風格作為基礎，建立投資組合，才能形成屬於自己的投資哲學，也才能堅韌不拔繼續前進。在這個章節裡，我會介紹各式各樣的案例，希望各位可以把自己帶入這些案例之中，嘗試思考自己的投資風格。

第二個方法是，設定期限與目標。我在講課和拍攝影片的過程中，都會收到各式各樣與投資有關的問題。但是很多情況下，因為提問者沒有明確告知投資期限與目標，所以經常難以回答。當有人問我：「我想要每個月投資 100 萬韓圓，要怎麼建立投資組合？」我會反問他：「這筆錢你想要在什麼時候、如何使用？」

投資必須要有期限與目標，這樣才能描繪出明確的投資組合。舉例來說，假設有人問我：「我現在有 5000 萬韓圓的現金。由於一年之後我必須搬家，我想要把這筆錢拿來買房子，我應該要怎麼做投資？」我會回答他「如果一年後，這 5000 萬裡面每一分錢都不能少，那麼我不建議你拿來投資」。同時，我也會介紹他本書中已經介紹過的債券 ETF。

一般來說，在建立投資組合的時候，最少要設定五年以上的投資期限。如果想要進一步提升報酬率，最好投資十年以上，

充分利用複利的效果。如果想要以這種方式投資，以退休為目的，建立投資組合是最理想的。那麼，我們現在就帶著偏好穩定投資的風格，以十年以上長期投資的觀點，試著建立策略，看看如何按照投資額多寡來建立投資組合吧。

單筆大額投入，還是定期定額

在不知道自己該如何投資的時候，首要之務，是確定自己現在可以投資的錢有多少、設定好接下來幾年要投資多少錢。一般來說，會有以下兩種情況：一、是單筆大額投入的投資組合；二、每個月定期定額、連續投入數年的投資組合。

如果除了手上這筆資金以外，很難再拿出額外的投資本金，那就必須要做好分批進場。為什麼？因為投資會受到人類的心理影響；股價每天都在改變，沒有人知道哪個價格是最低價，因此分批買進、降低整體均價，單價愈接近市場平均值，就愈能穩定投資。

假如手上有一億韓圓的投資本金，但在一天內全數投入，買進一億韓圓的股票，並不是個好選擇。有些人會以為，在一天內把一億分成十次買進，就算是分批買進；但其實這樣的行

為跟在一天內「梭哈」沒有兩樣。如果想要掌握景氣趨勢，至少要花三個月的時間，分十次以上買進，這樣才算是分批買進；請各位務必要先了解市場整體的趨勢後，再慢慢地分批買進。

如果採定期定額投資，由於每個月都會持續投資，自然就會達到分批進場的效果。或者也可以選擇第一次先單筆大額投入，下個月才開始持續定期定額。這種時候也是一樣，最好把單筆大額花三個月時間分批買進，同時每個月再持續投資一定的金額。如此一來，就可以達到持續分批買進的效果。

個別思考投資領域

投資金額設定好之後，現在輪到要建立投資組合了。前述我已經介紹過指數追蹤型 ETF 以及債券、原物料 ETF 等各種商品。現在就讓我們逐一了解，要如何組合這些商品，才能夠平均投資到各種不同的產業。這個部分的重點在於，要把投資板塊分成四大領域。

四大領域分別是：成長、配息、債券、原物料；每個領域的比例可以依照自己的投資風格與投資期限做決定。如果寧願承受風險也想提高報酬率，那就可以拉高成長股的比例；如果

是想要定期穩定獲利，那就提高配息股的比例；如果想要在經濟危機來臨時降低風險，那就提升債券與原物料的占比。

股票投資人通常對債券和原物料並不太感興趣，但是我們至少要持有 5 ～ 10％和股票特性相反的資產，才能夠在新冠肺炎這種預期外的危機來臨時，聰明應對。2020 年 3 月，新冠病毒導致全球股市陷入混亂的時候，美國股市大跌 30％，個股價值直接砍半；但是債券價格上漲，身為安全資產的黃金（原物料）也維持良好的表現。在這個時候，現金充裕的股票投資人進場買進了潛力股，但大部分的散戶卻都沒能進場，因為突然要拿出現金非常困難。但假如，先前有投資債券與原物料的話，這場危機就不是危機，而是迎來機會。

誰也無法預測，經濟會在什麼時候發生什麼變化，因此，我們最好建立一個可以隨時因應變化的投資組合。那麼，現在我們就從定期定額投資 30 萬與單筆大額投資的方法，看看要如何依照不同投資金額建立投資組合。希望各位都能仔細閱讀以下的說明，依照各種變化，創造出屬於自己強而有力的投資組合。

小而有力的投資組合（定期定額 30 萬韓圓）

如果你是想正式踏入海外股票投資的新手，最好從 30 萬韓圓（約 7259 台幣）定期定額開始。30 萬韓圓定期定額的投資組合，是海外投資組合的最低金額。如果覺得每月投資 30 萬韓圓很吃力，我建議可以投資在韓國國內上市的海外 ETF。

讓我們重新回到正題。利用 30 萬韓圓定期定額投資，只能使用三檔 ETF 打造出穩健的投資組合。首先，在成長的部分我們可以放入追蹤 S&P 500 指數的 ETF。我們之所以不選擇前面所介紹的 SPY、VOO、IVV，而選擇投資 SPLG，是因為 VOO 的每股價格是 50 萬韓圓，無法被涵蓋在 30 萬韓圓的投資組合中，因此我們改為選擇追蹤同一個指數，但是價格較為低廉的 SPLG。由於是追蹤相同指數的商品，所以報酬率的差異微乎其微，SPLG 的總費用率也跟 VOO 與 IVV 一樣是0.03%。

配息方面，則是選擇最具代表性的配息 ETF，也就是投資房地產領域的 VNQ ETF。雖然說還有股息成長型 ETF 的選項，但是我們在成長部分所選擇的 SPLG ETF 已經追蹤了S&P 500 指數，這 500 家企業中也包含了大多數的高配息企業，

30 萬韓圓投資組合							
類別	代號	產業	現值 （美元）	數量	投資金額 （美元）	比重	
成長	SPLG	S&P 500	50.85	2	101.7	39%	39%
配息	VNQ	房地產	105.24	1	105.24	40%	40%
債券	IEF	中期債券	113.0	0.5	56.5	21%	21%
合計					263.44 美元（31 萬 6128 韓圓）		

表 45. 30 萬韓圓投資組合（基準日：2022.3.4，適用 1200 韓圓之匯率）

因此成分股會大量重複，所以我才選擇了性質完全不同的房地產產業。

債券方面，則是選擇短期、中期、長期債券中，殖利率落在 1% 以上，且股價波動性較小的中期債券 ETF —— IEF。如果想要更保守一點的債券，雖然配息會較少，但還是可以考慮短期債券 SHY ETF；反之，如果想要更積極，就可以考慮長期債券 TLT ETF。

投資的數量是 SPLG 2 股、VNQ 1 股、IEF 0.5 股。IEF 的 0.5 股不是小數點投資，而是指兩個月買進一次。以債券來說，因為股價的波動性較小，即便兩個月買進一次，風險也不高，所以沒有關係。

這個投資組合各領域的占比為：成長型 39％、高配息

40％、債券 21％，偏向穩定投資。像這樣金額不高的時候，也可以採取稍微增加風險使報酬率增加的策略，只要根據個人的風格做出適合的選擇即可，這就等同於是建議年輕的投資人可以提高積極投資比例的意思。因為投資期限長、金額少的話，即便不小心虧損，回補損失的壓力也比較小。

由於股價每天都會變動，我寫書當下的股價與讀者看書時的股價可能會不同，這時就可以透過改變數量來調整比例。如果想要進行比這個投資組合更保守的投資，可以把 SPLG 從 2 股調整為 1 股，提高 VNQ 與 IEF 的占比。但由於 30 萬韓圓投資組合的股數較少，所以很難大幅度改變投資內容。

退休準備投資組合（定期定額 50 萬韓圓）

我們消費是為了讓現在的生活更豐富、更愉快，不知道是否正因為如此，投資的時候我們也尋求不久將來的幸福，而進行短線投資。但是為了享受舒適的老年生活，我們需要以十年以上的長期觀點進行投資。假如投資的目的是為退休做準備，建議可以從 50 萬韓圓（約 12,000 台幣）定期定額的投資組合開始著手。

50 萬韓圓的定期定額投資組合中，要涵蓋成長型、高配息、債券、原物料等四大項。這種投資組合在短期內雖然難以大幅獲利，但是虧損的可能性較低，非常利於藉由複利增加獲利。

雖然每個人在投資時都夢想著發揮複利的效果，但並不是只要長期投資就一定會有複利的效果。我們必須在每十年會發生一次的經濟危機中不遭受虧損或守下資產，才能夠維持複利。過去，QQQ 在 2000 年網際網路泡沫期間，股價從高點下跌了75%，必須要整整花上十五年的時間，才能重新回本。如果當時沒有梭哈在 QQQ 之上，並同時投資黃金與債券等反向性質的資產，就可以把虧損降到最低，享受複利的效果。

50 萬韓圓的投資組合會相互彌補缺點，所以很適合長期投資。首先，成長的部分，我們先放入追蹤那斯達克 100 指數的QQQM，這檔 ETF 跟 QQQ 是一樣的商品，但是價格比較低廉。而且 QQQ 的總費用率是 0.2%，但是 QQQM 的總費用率是 0.15%，便宜了 0.05%，因此選擇 QQQM 會比較好。

配息方面，放入第五章介紹過的房地產 ETF ── VNQ，可以填補 QQQM 不足的產業。特別是 QQQM 的投資板塊中

50 萬韓圓投資組合							
類別	代號	產業	現值 （美元）	數量	投資金額 （美元）	比重	
創新／成長	QQQM	那斯達克 100	138.78	1	138.8	33.4%	33.4%
配息	SCHD	金融／工業	77.64	1	77.6	18.7%	44.0%
配息	VNQ	房地產	105.24	1	105.2	25.2%	
債券	IEF	中期債券	113.0	0.5	56.5	13.6%	13.6%
原物料	IAU	黃金	37.4	1	37.4	9.0%	9.0%
合計					415.6 美元（49 萬 8672 韓圓）		

表 46. 50 萬韓圓投資組合（基準日：2022.3.4，適用 1200 韓圓之匯率）

沒有金融產業，如果可以選擇金融相關企業占比較高的 ETF，就可以減少重複，達到分散投資的效果。而前面我們介紹過的股息成長型 ETF —— SCHD 正好符合條件，SCHD 還有投資工業，與 QQQM 非常般配。

債券方面，選擇 30 萬韓圓投資組合中介紹過的中期債券 ETF —— IEF。後續講解投資組合時，我會將債券統稱為中期債券。

最後，原物料方面則加入黃金，在 GLD 與 IAU 中選擇總費用率便宜 0.15％的 IAU。有些人可能會認為 0.15％的差異很小，但是如果投資 1 億韓圓的話，一年就會差到 15 萬韓圓，十

年就高達 150 萬韓圓，這裡所計算的手續費排除掉了股票上漲的因素，倘若把股票上漲的部分也一起算進來，差距就會更大。所以說，如果是追蹤同一個指數的商品，務必要選擇總費用率較低的 ETF。

依照各領域的投資比例為，成長 33.4%、配息 44.0%、債券 13.6%、原物料 9.0%。高配息比例相較成長型高出 6.6%，屬於穩定的投資組合。此處的債券與黃金，考慮到經濟危機發生時會有引發安全資產的需求，所以投資占比分別設定為 10% 左右。你也可以依照自身的狀況和投資風格來改變數量，調整投資組合的比例。

健康的投資組合（定期定額 100 萬韓圓）

30 萬韓圓與 50 萬韓圓的投資組合，是為了提升穩定性，按照傳統做法而建構的投資組合。現在，從 100 萬（約 24,000 台幣）開始，我們可以漸漸展露出自己的特色，但這並不意味著基本結構會有所改變，我們是在一定的框架上，放入各種形狀的積木，而這個框架裡面，有著在 50 萬韓圓投資組合出現過的 QQQM、SCHD、VNQ、IEF、IAU。

100 萬韓圓投資組合							
類別	代號	產業	現值 （美元）	數量	投資金額 （美元）	比重	
成長	QQQM	那斯達克 100	138.78	2	277.6	33.9%	43.6%
創新	KRBN	碳權	39.91	2	79.8	9.7%	
配息	SCHD	金融／工業	77.64	1	77.6	9.5%	
配息	VNQ	房地產	105.24	1	105.2	12.8%	33.4%
配息	VEA	美國 X	45.47	2	90.9	11.1%	
債券	IEF	中期債券	113.0	1	113	13.8%	13.8%
原物料	IAU	黃金	37.4	2	74.8	9.1%	9.1%
合計					819.0 美元（98 萬 2800 韓圓）		

表 47. 100 萬韓圓投資組合（基準日：2022.3.4，適用 1200 韓圓之匯率）

在成長部位的領域，只要選擇自己覺得有前景的產業就可以了。可以選擇我們前面看過的半導體、雲端、ESG、元宇宙、網路安全相關的 ETF，如果有自己認為非投資不可的產業，也可以選擇該產業的 ETF。重點在於，選擇自己了解且認為有發展潛力的產業。我個人對於日後會有資金湧入、各方國家都需要立足的 ESG 相關產業很有興趣；所以，我選擇投資碳權的 KRBN ETF。

配息的部分，我放入了投資美國的金融、醫療保健、房地產等各種高配息企業的 SCHD 和 VNQ。但是只相信美國單一

國家，還是會有點不安全感，此時投資美國公司以外的高配息企業也是一個好方法。我個人選擇加入投資全球高配息企業的VEA。在 100 萬韓圓投資組合中，我分別在成長和配息的領域各加入了一檔 ETF。

債券和原物料的部分，我並沒有選擇增加 ETF，而是採取增加數量提高比例的方式。各領域的投資比例分別為，成長 43.6%、配息 33.4%、債券 13.8%、原物料 9.1%。

這裡有部分資訊提供給各位參考。在 100 萬韓圓投資組合中，中期債券不是兩個月買進一股，而是每個月買進一股。此外，追加的 ETF，每一檔的比例最好設定在 10% 左右，核心項目最多不超過 30%，這樣可以有助於平衡。

如果對於 ETF 總數量增加感到壓力，也可以選擇把 50 萬韓圓的投資組合直接增加一倍，組成 100 萬韓圓投資組合。希望大家可以記得，不管是多樣化投資，還是保守型投資，都必須要在成長、配息、債券、原物料等所有領域中均衡投資，債券和原物料的投資比例至少要 5% 以上，才算是穩定的投資。

集中投資的投資組合（定期定額 300 萬韓圓）

300 萬韓圓（約 72,000 台幣）可以設計出更多樣化的投資組合，投資金額愈多，選擇的範圍就會愈廣，我們可以把這檔投資組合想像成訂製西服。假如想要建立 600 萬韓圓（約 144,000 台幣）的投資組合，只要把 300 萬韓圓的投資組合數量提升一倍即可。

投資組合依照投資的 ETF 種類和比例，報酬率與風險波動性可能會有所增減。報酬率與風險往往會一起增加，所以我們要找到可以減少風險，同時提高報酬率的平衡點，而且標準必須建立在自己的投資風格與投資期限之上。

建議 ETF 的數量最多不要超過 12 檔，超過這個數量的話，不只管理上會比較辛苦，定期進行再平衡的時候也會很困難。ETF 本身就已經是分散投資數百家企業的商品，就算沒有投資超過 12 檔，也已經有足夠的分散投資效果了。

接下來，講解一下我在 100 萬韓圓投資組合中，有新增和改動的部分。成長的部分，我選擇用投資雲端產業的 SKYY 來取代投資碳權的 KRBN，並且增加了追蹤 S&P 500 指數的 VOO ETF。由於金額放大，我在投資各種成長股的同時，也投資了美國的代表性企業。在這裡，如果想投資成長股但不想選擇大

300 萬韓圓投資組合							
類別	代號	產業	現值（美元）	數量	投資金額（美元）	比重	
成長	SKYY	雲端	83.04	2	166.1	6.6%	38.7%
	QQQM	那斯達克 100	138.78	3	416.3	16.5%	
	VOO	S&P 500	397.34	1	397.3	15.7%	
配息	SCHD	金融／工業	77.64	5	388.2	15.3%	42.8%
	VNQ	房地產	105.24	4	421.0	16.6%	
	VEA	美國 X	45.47	6	272.8	10.8%	
債券	IEF	中期債券	113.0	1	103.0	4.1%	9.6%
	TLT	長期債券	140.24	1	140.2	5.5%	
原物料	IAU	黃金	37.4	6	224.4	8.9%	8.9%
合計					2529.4 美元（303 萬 5256 韓圓）		

表 48. 300 萬韓圓投資組合（基準日：2022.3.4，適用匯率 1200 韓圓之匯率）

型股，而是想投資中、小型股的話，也可以選擇追蹤羅素 2000 指數的 IWM。

　　配息方面，即便放進其他檔 ETF 也只是會提高重複的比例，所以，我採用增加這三檔 ETF 數量的方法。如果想要提高股利增長率可以提高 SCHD 的比例；如果想要提升房地產的占比可以增加 VNQ 的比例；如果想要增加美國以外的全球高配息投資，就可以提高 VEA 的比例。

債券方面，因為金額放大，所以範圍可以拓展至長期債券。此外，原物料方面，則是提高了黃金的投資比例；如果想要投資白銀的話，也可以選擇 SLV。

300 萬韓圓投資組合的投資比例為，成長 38.7 ％、配息 42.8％、債券 9.6％、原物料 8.9％。債券與原物料的比例抓在 10％ 左右，提高了配息的占比。我之所以提高配息的占比，是為了建立穩定的收益結構，這個組合很適合跟我一樣，非常討厭虧損的投資人，至於成長與配息的比例只要根據自己的投資風格稍作調整即可。如果喜歡高波動性與高收益的投資人，可以增加成長型 ETF 的數量，提高比例，也可以追加投資半導體（SOXX）、親環境（ESGU）、網路安全（CIBR）等各種主題式 ETF。

守護我珍貴資產的投資組合（1000 萬韓圓以上）

從剛剛到現在的定期定額投資組合中，你們看出共通點了嗎？建立穩健的框架，投資金額愈高就加入愈多數量。建立 1000 萬韓圓（約 240,000 台幣）投資組合的方法也大同小異。基本上，結構跟 300 萬韓圓投資組合相同。

1000 萬韓圓投資組合，由於是一口氣投入大筆資金，因此

比起投資組合的組成成分，我想跟大家聊聊，關於投資方法。前面已多次提及，我想大家都知道，不可以一天就把一大筆錢都拿去投資吧？當然要分批買進。不是準確找到低點買進，而是要持續分批買進，讓單價收斂到平均水平。我們在等待經濟危機或股價崩跌的過程中，很可能會看到數次「美國股價創新高」的新聞，錯失投資的機會。

我想介紹我自己所使用的方法，也就是「對比高點的跌幅」。不管是哪一家企業，股價都不可能天天上漲，隨時都會進入盤整，反覆漲跌。近期 QQQ ETF 對比高點的跌幅數據在 2020 年 3 月是 -27%、2020 年 10 月 -13%、2020 年 11 月 -8.5%、2021 年 3 月 -11%、2021 年 6 月 -7.3%、2021 年 9 月 -7.9%、2022 年 2 月 -18.4%。即使排除掉新冠病毒，也可以看到在此期間，跌幅從 -18% 下降至 -7%，整體看來，跌幅收斂，趨勢往上。

所以說，我個人會在當股價跌幅超過 -5% 時，第一次買進，-10% 的時候買進第二次，-15% 的時候買進第三次，以這種方式訂定好標準，持續進行分批買進。雖然這個方法不代表一定能成功，但是一個可以提高勝率的投資方法。除此之外，也可以養成同步確認移動平均線、RSI（相對強弱指數）、MFI（資

金流向指標）、MACD（指數平滑異同移動平均線）、成交量等各種要素的習慣。這些技術分析相關的內容，我會在第十章的時候，一面看圖表、一面為各位仔細講解。

1000 萬韓圓投資組合幾乎跟 300 萬韓圓投資組合一模一樣，只有把成長類別裡投資雲端產業的 SKYY ETF，換成了投資半導體的 SOXX ETF。我之所以選擇半導體產業，是因為目前半導體產業市占率最高的台積電、三星電子、英特爾等各家半導體企業，都正在投入大規模的資金。台積電表示未來三年內將會投

類別	代號	產業	現值 (美元)	數量	投資金額 (美元)	比重	
			1000 萬韓圓投資組合				
成長	SOXX	半導體	449.36	2	898.7	10.8%	40.2%
	QQQM	那斯達克 100	138.78	9	1249.0	15.0%	
	VOO	S&P 500	397.34	3	1192.0	14.3%	
配息	SCHD	金融 / 工業	77.64	17	1319.9	15.9%	42.0%
	VNQ	房地產	105.24	12	1262.9	15.2%	
	VEA	美國 X	45.47	20	909.4	10.9%	
債券	IEF	中期債券	113.0	3	309.0	3.7%	8.8%
	TLT	長期債券	140.24	3	420.7	5.1%	
原物料	IAU	黃金	37.4	20	748.0	9.0%	9.0%
合計					8309.6 美元（997 萬 1568 韓圓）		

表 49. 1000 萬韓圓投資組合（基準日：2022.3.4，適用 1200 韓圓之匯率）

資1000億美元，三星電子表示十年內會投資171兆韓圓，英特爾則表示十年內會在歐洲投資400億歐元。除此之外，半導體設備業者艾司摩爾的訂單數量，已經滿載到了2023年。高市占率的企業提升投資金額，積極擴充工廠與設備，就意味著看好該產業的市場前景。SOXX是投資整體半導體市場的商品，比起投資個股是更安全的選擇。像這樣，在研究經濟趨勢與各種產業同時，投資當下具有上漲動能的產業也是一個不錯的選擇。

我們現在雖然講的是1000萬韓圓的資金，但假如資金只有500萬韓圓的話，就只要把數量砍半；假如是1億韓圓的話，把數量增加十倍就可以了。如果想要增加投資的ETF數量，可以增加2檔左右，就如前面所述，建議ETF總數量不要超過12檔。但如果是想減少ETF的數量，就可以參考50萬韓圓、100萬韓圓的投資組合，把作為主框架的五檔ETF——QQQM（成長）、SCHD（配息）、VNQ（配息）、IEF（債券）、IAU（黃金）作為基準，調整其他剩餘的比例，這也是很好的投資策略。

最重要的是長時間投資，達到複利的效果。如果自己沒有親自學習，只是聽從別人的建議建構出投資組合的話，當危機來臨時必定會產生不確定感，如此一來，就會沒有熬過危機的

力量，最後發生停損的狀況。最典型的案例就是那些嘴上說著「我再也不投資股票了」、「投資股票就是賭博」的投資人。但是不管在哪個時間點買進 S&P 500，只要長期投資二十年，歷史上從來沒有虧損的案例。網際網路泡沫化的時期，那斯達克跌幅超過 70％，但最後，股價還是超越了這場跌幅。長期投資所產生的「複利的力量」，遠遠超乎我們的想像。日後我們還是會持續面臨類似的危機，希望穿上名為「我的專屬投資策略」這套盔甲的你，可以成為危機中的倖存者。

總整理 | **投資組合的兩大必要條件**

1. 了解自己的投資取向：不要投資別人覺得好的股票，而是要根據自己的投資取向，投資自己不會厭倦並且可以長期投資的商品。

2. 設定投資期限與目標：設定至少五年以上明確的投資期限與目標。

第10章

投資組合再平衡
與交易策略

再平衡的兩種類型

建立好投資組合之後，就會感覺自己好像打造了一個屬於自己的投資策略，為此感到滿足。但是與此同時，心裡的某個角落也會出現疑問，「真的照這樣積累下去，我的資產就會增加嗎？」這是當然的。沒有人知道未來會發生什麼事，所以我們必須持續觀察市場，注意自己的資產是否持續成長茁壯，還是有沒有哪裡已經腐爛。

很麻煩嗎？投資大師巴菲特到現在都沒有停止學習投資，

他持續觀察自己投資的企業旗下的事業是否順利，從未停止交易。巴菲特的投資組合，每一季都會公開投資成果。2021 年第三季，他把醫療保健企業默克集團的股票全數出清，並且把艾伯維的比例調降至 29％。第四季他加碼買進能源企業雪弗龍，並且，新增買進西方石油公司。

巴菲特也不斷地檢查著自己的投資組合，我們當然也應該調整自己建立的投資組合比例，因應市場的變化吧？但幸虧我們是採用 ETF 建立投資組合，所以可以達到比巴菲特更大的分散投資效果，如果再加上定期進行再平衡，就可以再進一步大幅降低風險。

再平衡，大致上可以分為兩種。第一種是定期再平衡。指定好日期，每半年或一年進行一次，調整偏離初期設定投資比例的部分。舉例來說，假如 100 萬韓圓的投資組合中，QQQM 的比例設定是 20％，但是半年之後比例增加至 25％的話，就將其中的 5％實現收益，調整回 20％。接著，買進比例減少的其他項目，按照原來的比例重新再平衡。藉由這個作業，我們可以從上漲的項目中實現收益，並且在低檔加碼買進股價相對走跌的股票，同時投資組合也可以重新恢復平衡。

第二種是即時再平衡。當持有的股票，股價突然下跌或暴跌 7% 以上時，就立刻進行再平衡。這種情況不常發生，大部分發生在經濟危機的時候。以最近的例子來說，2020 年 3 月，新冠肺炎導致債券上漲、股票走跌，發生了 10% 以上的波動。這個時候就可以根據波動，透過交易重新調整比例，藉由再平衡在低點買進股票，提升報酬率。

最近股市的變動較大，每半年進行一次定期再平衡會比一年一次更好。雖然一年做一次再平衡也沒關係，但不管是一年還是半年，都不要忘記做再平衡。

30 萬韓圓投資組合再平衡

再平衡，實際上應該怎麼做，讓我以 30 萬韓圓投資組合為基準，為各位講解吧。30 萬韓圓投資組合中，我們總共投資了三檔 ETF，投資比例設定如「表 50」所示，為 SPLG 50%、VNQ 30%、IET 20%。

假如根據這個表格，六個月內、每個月投資 30 萬韓圓，本金就是 SPLG 90 萬、VNQ 54 萬、IEF 36 萬。估值會隨時跟著報酬率變動。但是這裡，我們假設 SPLG 賺了 20 萬、VNQ 賺了 4

30 萬韓圓投資組合								
代號	基準比例	1 個月	6 個月			再平衡		
			本金	估值	比重	比重調整	估值	比重
SPLG	50%	15 萬	90 萬	110 萬	55%	－ 5%（－ 10 萬）	100 萬	50%
VNQ	30%	9 萬	54 萬	58 萬	29%	1%（2 萬）	60 萬	30%
IEF	20%	6 萬	36 萬	32 萬	16%	4%（8 萬）	40 萬	20%
合計		30 萬	180 萬	200 萬	100%	-	200 萬	100%

表 50. 30 萬韓圓投資組合再平衡示意

萬、IEF 虧損 4 萬，那麼六個月後，本金 180 萬，加上 20 萬收益，總資產就是 200 萬韓圓。

接下來，要進行再平衡。原本每檔 ETF 的基準比例是 SPLG 50%、VNQ 30%、IEF 20%，但是後來產生了 SPLG ＋ 5%、VNQ － 1%、IEF － 4%的差異。現在我們按照基準，把 SPLG 中多的 5%賣出，分別買進 1%與 4%的 VNQ 與 IEF，調回原本的比例。當然，因為每支股票的單價與數量都不同，比例雖然無法完全一致，但是要盡可能減少與基準值的誤差。

投資初期遇到再平衡的時候，比起賣出股票，最好使用每個月定存的 30 萬韓圓來平衡比重。因為買賣股票會產生交易稅，所以最好盡可能減少交易。但是如果以每個月 30 萬韓圓，定期定額投資了十年，本金會是 3600 萬韓圓，再加上收益，總

資產還會更多。經過一段時間之後，就會進入靠每個月定期定額的 30 萬元難以調整比例的時期，這個時候就只能賣出上漲的股票、再買進下跌的股票。週期性半年或一年進行一次這個作業，就是所謂的再平衡。

此外，如果股價大幅波動，一般來說是由經濟危機所引起的熊市，當股價偏離最初所設定的基準值 7% 以上時，就必須立刻進行再平衡。俗話說，危機就是轉機，只要好好應對危機，就能夠讓投資組合更加堅實。

所有的 ETF 管理公司都會定期進行再平衡。一般來說，是三個月進行一次季度再平衡。也許有些人會認為「每一檔 ETF 本身就會做再平衡了，我有必要做嗎？」，但是就像是 ETF 也會根據投資策略調整比例和股票一樣，我們也要確認該檔 ETF 是否有符合自己整體帳戶的投資策略。ETF 本身所做的再平衡，並沒有將我們自己的投資組合納入考量。

什麼時候要買進跟賣出？

現在，我們已經了解了各種 ETF、不同金額的投資組合組成。看到這裡，想必各位應該很好奇，怎麼樣才能便宜買進

ETF，在什麼時間點賣出比較好吧。就像「買進是技術，賣出是藝術」這句話所說，賣出比我們想像中更加困難。確實，愈晚賣出趨勢上漲的股票，報酬率愈高；巴菲特之所以到現在還持有可口可樂公司的股票，也是出於這個原因。

其實我個人在沒有急需錢的情況下，不賣出只買進；所以對我而言，賣出就是需要錢的時候。我也會為了再平衡賣出股票，但目的不是實現收益，而是要再買進其他檔股票，好像也稱不上是賣出。

買進跟賣出，可以說是完全不同的領域。買進是愈便宜愈好，因為小則 1% 大則有 10% 的差異，所以需要做技術分析。雖然每一檔股票都會有人說現在是最低點要快點買進，但更重要的是不要著急。起步較晚不代表絕對落後，只要朝著正確的方向前進，就算晚了一些也還是能夠積累資產。反而是朝錯誤的方向投資，就像是手上握著的沙一樣，資產可會從指縫中滲漏。就跟人生一樣，希望大家都要知道，投資的方向比速度更重要。這裡所指的正確方向是指了解自己的投資策略，也就是要知道如何建立投資組合，以及其中的比例為何。

外行才看圖表？

ETF 裡面也有企業，ETF 的股價也會隨著企業的未來價值而波動；所以說如果想要投資 ETF，就必須瀏覽過該檔 ETF 的成分股，特別是要買進的時候，必須更加慎重地進行確認。

有些人說，外行人才看圖表。當然，投資企業時，價值評估很重要，我們必須分析該企業的事業領域、研究開發能力、銷售額、營業利潤、現金流量等各種指標，評估該企業的未來價值。但是這有個陷阱，假設蘋果的股價現在是 150 美元，但是分析指出，2025 年以前，蘋果將會開發出元宇宙相關的 AR 眼鏡與具備自動駕駛的 Apple Car，未來價值將會成長兩倍。所以蘋果的股價日後將高達 300 美元，所以現在應該立刻買進嗎？答案是不一定。就算 2025 年的股價會成長兩倍，也不代表股價一路上只會成長，其中一定會出現大大小小的曲折，股價才會有所增長。在股價曲折當中，能夠幫助我們盡可能買在低點的工具，就是技術分析。

所謂的技術分析，是透過觀察移動平均線、圖表、交易量、RSI、MACD、布林通道等各種指標，進而追蹤低點。在買進的時候，我們可以運用分析結果，盡可能在低點分批買進。總而

言之，投資的時候，我們會以價值評估為基礎，選擇產業與企業，再藉由技術分析買進股票。

可能有人會想，「我們現在投資的只是 ETF，有必要看圖表嗎？」但 ETF 的圖表也會根據企業產生變動，因此也具備跟股票一樣的趨勢，圖表的走勢也很神似。假如評估該檔 ETF 投資的產業前景看好，日後產業規模將會擴大，最好可以透過技術分析，盡可能低價買進股票。我現在要講的技術分析，是可以應用在個股與 ETF 上的技術。技術分析的工具雖然非常多樣，但是本書會以我個人使用的四個工具為主，進行說明。

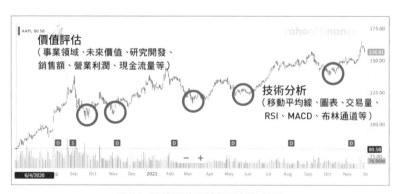

圖 28. 價值評估與技術分析的差異

看懂 K 線圖

　　第一個技術分析工具，就是 K 線圖，簡單來說，就是蠟燭形狀的圖表，通常會用一根蠟燭呈現股票單日的股價走勢。

　　如果想要了解什麼是 K 線，就必須知道什麼是開盤價、最高價、最低價、收盤價。開盤價是當日開盤時的價格；最高價是當日股價的最高價格；最低價則是當日的最低價格；收盤價是當天收盤時的價格。開盤價與收盤價以 K 線的軀幹做連接，而最高價與最低價則是以線作為連接。

　　假如，連接起來的線，下方較長的話，就會說下影線較長，代表當天因為有人大量賣出股票引發股價下跌，但是後來又有

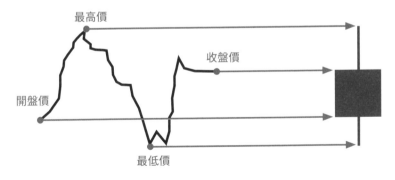

圖 29. K 線圖代表的意義

人大量買進使價格再次上漲。當買進股票的人與賣出股票的人出現拉鋸，假如買方獲勝，我們稱之為「買勢強勁」。

反之，假如上方的線較長，就會說是上影線較長，表示賣出股票的人比買進股票的人多。雖然有人不斷買進股票，但是賣出的人比買進的人更多，我們稱之「賣勢強勁」，所以說上影線較長的圖表，並不是我們樂見的信號。

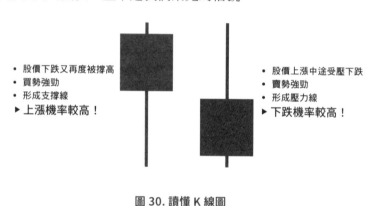

- 股價下跌又再度被撐高
- 買勢強勁
- 形成支撐線
- ▶ 上漲機率較高！

- 股價上漲中途受壓下跌
- 賣勢強勁
- 形成壓力線
- ▶ 下跌機率較高！

圖 30. 讀懂 K 線圖

以一根蠟燭呈現一天的走勢，稱為日 K 線圖；以一根蠟燭呈現一週的走勢，稱為週 K 線圖；以一根蠟燭呈現一個月的走勢，稱為月 K 線圖。以日 K、週 K、月 K 線圖為序精煉圖表，就可以架構出更精細的線圖。為了捕捉進場時機，這裡我會以立刻看出變動的日 K 線圖為基準，進行解說。

四個進場時機

技術分析的第一項，就是看懂 K 線圖的走勢。分析 K 線圖的方法和理論非常多種，我主要都是觀察 K 線的型態與圖表底部形成的趨勢。

K 線圖可以呈現出當天投資人的心態，特別是下影線的部分，是形成心理支撐線的區間，這代表股價在該價格的時候有強勁的買盤湧入，因此股價進一步下跌的機率就會降低。

底部成形的圖表通常都會觸底兩次，也就是俗稱的「雙重底」。第二個底部形成時，最好在高於第一個底部的位置出現上升點，這表示第一個底部發揮了支撐線的作用，也意味著股價很難雙雙跌破兩個低點，在這個區間內，就是低點進場的位置。

從「圖 31」蘋果的 K 線圖上可以看到，2021 年上半季已經形成了兩次雙重底，兩次雙重底的第二個底部都高於第一個底部，形成了強勁的支撐線。2021 年 10 月，蘋果又再次形成雙重底。當線圖形成雙重底的時候，最好在確認第二個底部出現，股價開始上漲後再分批進場。在還沒第二次觸底的時候，若在第一個低點買進，有些公司的股價難免會再度下跌，因此最好要先確認第二個底部出現再動作。

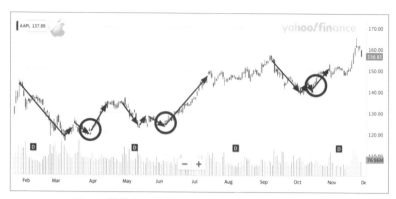

圖 31. 雙重底 K 線圖（期間：2021.1.20 ～ 2021.11.26）

　　有時，K 線會出現 V 字反轉，股價強勢反彈、一下子就回升。這種時候就放下一切，當作「這檔股票不屬於我」，心理上會舒坦一點，也才不會踏上虧損之途。希望各位比起戀棧，更應該時時刻刻考慮自己的投資策略。

　　第二項是移動平均線。移動平均線是將一段時間的股價平均計算後以線狀呈現，其中我們最常使用的均線有四種。第一種是 20 日均線，是以月為單位呈現的線，被稱為主力線，又名股價管理線，K 線圖必須位在 20 日均線上才能出現良好的走勢。60 日均線是以三個月（每季）為單位呈現的線，因為跟業績公布的週期一樣，所以又被稱為業績管理線或供需線。120 日均線是以六個月（半年）為單位呈現的線，主要用來觀察景氣的動向。

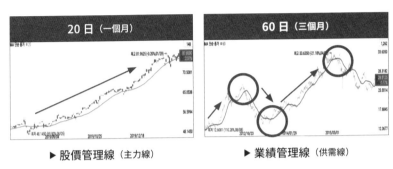

20 日 （一個月）	60 日 （三個月）

▶ 股價管理線 （主力線）　　　　▶ 業績管理線 （供需線）

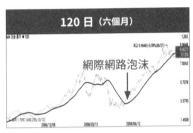

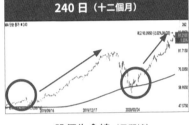

120 日 （六個月）	240 日 （十二個月）

網際網路泡沫

▶ 經濟趨勢線 （景氣線）　　　　▶ 股價生命線 （暴漲線）

圖 32. 四種移動平均線所代表的意義

240 日均線是以 12 個月（一年）為單位呈現的線，如果 K 線圖碰到年線，表示股價已經回到一年當中的均值，也就代表股價無法上漲或是突然崩跌的意思，絕不是個好現象。240 日移動平均線也被稱為股價生命線，我們可以藉由這條均線間接掌握企業的前景。

　　運用技術分析輔助交易時，通常會以 20 日均線為進場的買入點。倘若以定期定額的方式投資，通常每個月會交易一次。

如果買進的時候股價為在 20 日均線下方，就代表我們用低於一個月均價的價格，買進了股票。

第三項輔助指標之一的 RSI（Relative Strength Index），中文為「相對強弱指標」，是一個以百分比顯示股價走勢的指標。

RSI 呈現的是股價上漲壓力與下跌壓力之間的相對強度，超過 70 表示過熱，低於 30 表示進入鈍化區間。我們為了把握低點買進的機會，當然必須在 30 以下買進，在 70 以上的過熱區間賣出或是繼續觀望，對吧？

讓我們看看實際案例。2020 年 2 月，微軟的 RSI 是 81.6，股價進入過熱區間沒多久就開始下跌。反之，7 月 RSI 32.9 接近鈍化區間後，股價就開始上漲。雖然我們不太能夠只單看 RSI 的

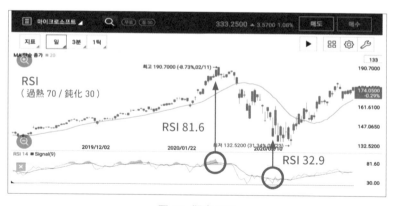

圖 33. 觀察 RSI

過熱與鈍化區間進行投資，但是可以把 RSI 作為自己的進場依據之一，與其他各種技術分析工具一起觀察，就可以提高報酬率並降低風險。

第四項是 MFI（Money Flow Index），是用來衡量股票交易資金的流入量及流出量的指標，高過80表示過熱，低於20表示鈍化。RSI 與 MFI 的基準數值不同，很可能會搞混，務必要記清楚。

從實際案例上可以看到，蘋果在 2021 年 3 月的時候，MFI 曾經下跌至 19.9，股價進入鈍化區間後迎來反彈，2021 年底 MEI 又再度下跌至 24.9，再度出現鈍化區間。一年內形成兩次 MFI 的低檔區，兩次都是可以在低點進場的機會。2021 年以後，蘋果的銷售額、營業利潤、研究開發等投資都呈增加趨勢，是

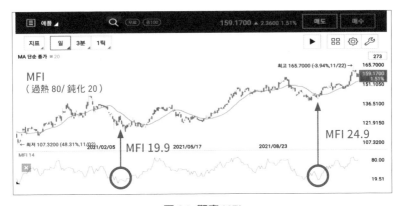

圖 34. 觀察 MFI

最理想的狀態。反之，2022 年 2 月業績表現不佳、前景不被看好的 Netflix、Meta、PayPal，在公開業績的同時，股價單日下跌了 20%以上。假如業績表現不佳，就算 MFI 已經跌到低點，股價還是可能進一步下跌，所以在做技術分析之前，一定要先做好企業價值評估。

我們來綜合整理一下這四個條件。出現帶下影線的 K 線圖，形成了雙重底，且第二個底部高於第一個底部，此時 RSI 位在 30 以下，MFI 位在 20 以下的話，就會形成最佳進場條件。

從實際案例上來看，就像「圖 35」一樣，特斯拉曾經一度跌破 20 日均線，RSI 跌至 26.8、MFI 跌至 13.9，K 線在 K 線圖上形成下影線打底。雖然不屬於雙重底，但是已經滿足了四個

圖 35. K 線圖、移動平均線、RSI、MFI 的走勢

條件中的其中三項，代表這是股價有高機率上漲的的區間。當時特斯拉正在提高中國電動汽車的交貨量，實際的市占率也很高，除了技術分析以外，在業績方面也是前景看好。像這樣，透過價值評估，盡可能降低風險，同時間，透過技術分析在股票的低點買進，是有利於提升報酬率的策略。

倘若你正在投資一家優良企業，想同時滿足四種條件的情況很少見。特別是，倘若你正在投資一家波動性較少的企業，想加碼買進就會更困難。雖然這可能是一種甜蜜的煩惱，但即便這種時候，我們也必須聰明應對。不要眼看報酬率表現良好，股價持續上漲，就想著要不要進場，不可以過度沉浸於報酬率而忘記獲利的金額多寡。5000 萬本金的 40%，比 1000 萬元本金的 100% 整整多出了 1000 萬韓圓。比起沉溺於眼前所看見的報酬率，冷靜並做出充滿智慧的選擇，財富才會快速增加。以定期定額投資來說，可以考慮前面我所講解過的條件，如果覺得股價這一個月都沒有要跌的跡象，至少要在 20 日均線下買進會比較好。

當我們遇到手邊有一筆錢要投資的時候，也最好要考慮這些條件後再買進。但就像我前面所述，一口氣把一大筆錢花光

是不好的選擇。不管眼前的機會有多好，也務必要把時間拉長，分批買進。我認為花三個月的時間分十次以上買進，才叫做分批買進，因為企業至少每三個月會公布一次業績。假如是漲跌較為劇烈的市場，最好把時間延長至六個月而不是三個月、把次數增加到二十次而不是十次；特別是發生降息、量化緊縮（QT）、失業率增加、美中衝突等利空事件的時候，更應該要把時間拉長。

必須賣出的時候！

股票投資比房地產投資更難的原因，就在於流動性（將資產變現的時間）更好。聽起來有點諷刺吧？大家普遍都想投資流動性更好的標的，但是過度頻繁交易卻反而是一種毒藥。

我們應該都聽過新聞報導說，有人不知道自己證券帳戶有一筆鉅款，發現的時候被嚇了一跳。股票投資大師安德烈科斯托蘭尼（André Kostolany）也曾說過：「先買進幾檔績優股，然後吞下安眠藥睡個幾年吧。」除了交易費用的問題以外，很多時候經由賣出股票確保報酬率並不是一個好的選擇。股票市場過去經歷過好幾次的經濟危機，但最後也都成功克服，向上走揚。

但是，我們還是會遇到必須賣出的情況。第一個情況不是股票發生問題，而是投資人自己本身需要錢的時候。這時，不需要看時機，而是要根據自己的需求賣出。如果買了一套房子必須要繳納尾款，當然就必須在當天提款；如果是需要醫藥費的情況，也必須要依照自己需求的時間賣出。我和家人的生活與幸福，比錢更重要，千萬不能本末倒置。

第二種情況是投資標的生態系發生變化時。例如黑白照片與底片消失的時候、PC 市場的成長性放緩的時候、煤炭能源需求下降，環境友善能源崛起的時候；當產業發生各種變化，而自己所投資的產業是夕陽產業的話，最好要果斷轉移到屬於大趨勢下的產業。投資有資金湧入的產業勝率才會提高，因為錢愈多，收益就愈大。

最後一種情況是，發現有相對來說更好的企業或 ETF 的時候。這時，就需要更換投資標的。舉一個我自己的經驗，我之前曾選擇投資屬於股息成長型 ETF 的 VIG，這檔 ETF 所投資的是十年以上有連續調漲股利的企業，並且股價增長率也很不錯。由於當時我已經投資了成長股，所以想更著重在配息率。後來，我找到了一檔跟 VIG 一樣都是投資股息成長企業，但是比起

股價增長率，更著重於投資高股息增長率企業的 ETF，也就是 SCHD，所以我選擇了提高股利報酬率。

市場隨時可能出現比自己正在投資的商品更加優良的商品。每當遇到這種時候，就當作是換一套更適合自己，也更舒適的衣服，選擇轉換標的也是一種靈活的投資方式。就像是人們所說的：「不要和股票談戀愛。」無條件只買進一檔 ETF 也不是一個好的選擇。持續思考這檔 ETF 是不是適合我的投資組合，做好更動投資組合比例與標的的作業，希望大家都可以把這所有的一切，當作是自我了解的行為。但是除了這三種情況以外，我們就必須要穩健地投資。

投資報酬率由我來決定！

讀到這裡的讀者們，已經可以正式開始投資 ETF 了。最後我想分享的是，左右報酬率的最關鍵因素。

到目前為止，相信各位已經選定好自己喜歡的 ETF，用成長、配息、債券、原物料建立了投資組合，並且計畫好了每個月要花多少錢定期定額做投資了吧。在這個階段，左右報酬率最關鍵的因素就在於「如何設定各檔 ETF 的比例」。前面我雖

然已經為各位決定好了每一檔 ETF 的數量與比例，但是我們不應該照本宣科，而是要根據自己的投資策略重新調整。由於組合內的部位比重不同，投資金額也有所不同，某些股票的權重占比較大，獲利也會放大；但有些股票的占比較小，即使獲利，也不太引起注意。

但是 100％單壓在一個領域上很危險。如果只側重於成長股，經濟危機來臨的時候，就很可能遇到難以東山再起的情況；然而，如果拉高債券與黃金的比例，就會使成長放緩，讓成效不佳。這代表比起個別股票的報酬率，股票的比例，對於投資組合報酬率所造成的影響更大。

目標報酬率始於我們自己設定的基準。雖然每檔 ETF 的比例沒有標準答案，成長股的投資比例最多不要超過 60％，債券與黃金最好要保持在 5％以上。在投資的過程中，我們會漸漸找到屬於自己的投資組合，建議剛開始投資的時候，還是先遵守這項準則。

總整理 投資組合再平衡策略

1. 定期再平衡：決定好日期，每半年或一年執行一次。調整不符合初始比例的部分，比例增加的話就賣出，然後利用賣出的獲利買進比例減少的其他 ETF。

2. 即時再平衡：持有的 ETF 股價突然下跌或暴漲 7%以上的時候立刻執行。

第11章

關於 ETF 的
所有問題與回答

如果你還有想了解的部分

我是這本書的作者宋閔爕，同時也是經營著 YouTube 頻道「SUPE TV」的 Supe。我會在「SUPE TV」上傳有關金錢學習與投資的相關影片，特別是我會在上面分享 ETF 相關的資訊與投資策略。

經營 YouTube 兩年以來，我收到了很多留言與諮詢的郵件，在講座上也有很多人發問。我收集並整理了一般來說大家比較好奇的問題，發現大部分的內容都很相似。

還有很多人提出了我常常認為「應該沒有人不知道」，容易被我忽略的問題。為了回答這些問題，也促成了我進一步學習的契機。所以在這個章節裡，我彙整了投資必懂的「精華」問題，試著為各位解答，大家可以把這個章節當成是提前了解閱讀前面章節時可能產生的問題，以及日後投資時可能會出現的疑問。那麼，現在就讓我開始解答吧。

Q1 ETF 投資 vs 企業投資，哪一個更好？

投資人初期對於企業分析還很陌生的話，就應該毫不猶豫選擇投資 ETF。但是如果有一家自己很了解，而且認為表現良好的企業，就沒有必要投資 ETF。舉例來說，假設我看了蘋果的銷售結構，其中 iPhone 的占比很高，我認為 iPhone 日後的銷售會持續增加。在高端智慧型手機市場上，iPhone 在 2021 年的市占率比 2020 年高出 5%，增加至 60%，並且蘋果預計 2022 年下半季將推出元宇宙硬體設備的 AR Class。此外，蘋果也開始著手親自製造半導體，計畫 2025 年之前會開發出 Apple Car。看到蘋果將事業版圖擴展到如此多樣的產業中，當然會燃起強烈的投資慾望。為了以防萬一，我還看了蘋果的財務報表，發現

營業現金流量很不錯，研究開發費用也持續增加，股利連續十年都有成長。如果考慮要直接投資一家企業，至少要花時間研究我剛剛所提到的這些部分。但是，假如投資 S&P 500 ETF 這類的指數追蹤型 ETF，不需要仔細分析個股，只要了解全球市場前景與美國經濟動向就夠了。

所以說，與其說 ETF 投資跟企業投資哪一個比較好，應該說最好依照自己的投資偏好做出合適的選擇。如果是以十年以上長期投資為目的，比起直接投資走勢敏感的企業，反而投資 ETF 會更加適合；享受持續獲利的複利效應，遠比追求短期的高報酬率，更能輕鬆增加資產。

Q2 ETF 要怎麼交易？

ETF 跟交易股票一樣，可以透過證券帳戶進行搜尋，輸入數量然後交易。我認為這個問題是投資新手常有的疑問。

所幸，現在的大小事都可以透過非面對面的方式進行，所以即便是第一次投資 ETF 也不困難。只要像在銀行開戶一樣，開立一個證券帳戶就可以了。如果可以的話，開戶時可以在日常方便的地方找一家手續費較低廉的證券公司。

開完證券帳戶就已經完成 90%的前置作業了。接下來的步驟更簡單，只要把錢存進帳戶裡，買進自己喜歡的 ETF 就可以了。證券公司的 YouTube 頻道上，大部分都有把這些內容做成影片講解，只要看著影片跟著做就可以了，一點都不難，只不過是剛開始會覺得有些生疏而已。

Q3 掛上ETF 之名的期貨，（H）是什麼？

從韓國國內的 ETF 名稱上就可以看出這一檔是哪一種 ETF。舉例來說，有一檔名為 KODEX 美國那斯達克 100 期貨（H）的 ETF，把這個名字拆解成四個部分，就是 KODEX、美國那斯達克 100、期貨、（H）。

首先，KODEX 是運營 ETF 的公司品牌名稱，KODEX 是三星資產的管理公司。TIGER 是未來資產管理、KINDEX 是韓國投資信託管理。

第二個，美國那斯達克 100，顧名思義所標示的就是投資對象，說明這是一檔追蹤那斯達克 100 指數的商品，可以說是等同於 QQQ。

第三個，期貨代表的是投資方式。一般的交易都是現貨交

易，是拿錢直接買進股票的交易型態。但期貨是指先付出一部分的現金，其餘款項等未來到期的時候再拿的意思。只要當作是，我們拿 10 元的現金，先買進價值 100 元的資產，其餘 90 元就會成為現金流。也就是說，包含債券在內，我們可以利用各種資產來達到額外增加資金的條件。期貨一般來說是經常用於原油、黃金等資產的交易方式。

第四個，（H）是用來區分匯率風險與避險的標示。假如沒有（H）的標誌，表示這個產品會受匯率影響，我的資產價值會依據匯率波動而改變。如果希望在固定的匯率下只依據自己所投資的商品賺取所有報酬的話，就可以利用有標示（H）的商品。

綜合上述，總結來說 KODEX 美國那斯達克 100 期貨（H）是由三星資產管理負責管理，追蹤美國那斯達克 100 指數，屬於匯率避險的期貨交易商品。

Q4 家庭主婦、自由業者、學生也都可以加入年金儲
蓄嗎？

在韓國，提到年金儲蓄的優點，大家普遍都會先想到免稅
優惠，所以我們經常會認為，只有擁有所得的上班族可以獲得
稅金的優惠，對於家庭主婦或學生而言，並沒有其他的利多。
但實際上，即便沒有所得也可以申請年金儲蓄，而且還可以獲
得比免稅優惠更好的稅金優惠。

當我們直接投資海外 ETF 的時候，除了 250 萬韓圓以外的
收益都必須繳納 22%的稅金。假如利用年金儲蓄，透過韓國國
內的證券公司投資海外 ETF 的話，就只要繳交年金儲蓄相關的
稅金，不需要繳納轉讓稅。稅率是總金額的 3.5～5.5%，投資
的時間愈長，獲利愈多愈便宜。在為老年做準備的同時，還能
夠享有稅金優惠，所以家庭主婦、自由業者、學生最好都可以
加入年金儲蓄。

Q5 美國 ETF 跟韓國國內上市的美國 ETF，哪一個比較好？

這個問題真的是不斷被問到的問題之一。假設投資 TIGER 美國那斯達克 100 與 QQQ，兩檔 ETF 追蹤的都是那斯達克 100 指數，也都同樣暴露在匯率風險之下，按照指數所產生的報酬率差距並不大。但是稅金就會有差異了吧？我們只需要判斷投資哪一邊才可以達到節稅的效果。

對於這個問題，我往往都是回答「看情況」。收益在 250 萬韓圓以下，可以適用免稅的話，就可以投資海外 ETF，但是超過 250 萬韓圓以上的時候，就要針對稅金做比較。由於韓國的國內 ETF 稅率是 15.4%，但是海外 ETF 的稅率是 22%，所以投資韓國國內的 ETF 可能是更好的選擇。但假如投資海外 ETF 獲利 300 萬韓圓，其實只有扣除掉 250 萬免稅額以外的 50 萬韓圓需要支付 22% 的轉讓稅，所以比投資韓國國內 ETF 獲利 300 萬元需要繳納 15.4% 的稅金來得更便宜。準確計算的話，800 萬韓圓是起始點，從這個價格開始，節稅的效果才會有所變化。

簡單來說，假如預估自己一年的收益會在 800 萬韓圓以下，那就可以直接投資海外 ETF，但如果預估收益會超過 800 萬韓

圓，最好投資韓國國內的 ETF。但假如超過 2000 萬韓圓的話，很可能會成為綜合課稅的對象，那投資海外 ETF 可能就會變得比較有利。由於這部分需要結合自己的所得一起計算，所以會有些複雜，但只要記得獲利在 0 ～ 800 萬韓圓投資海外 ETF、800 ～ 2000 萬韓圓投資韓國國內 ETF、2000 萬韓圓以上投資海外 ETF，這樣就可以了。

Q6 投資海外股票有節稅的方法嗎？

如果海外股票投資大幅獲利，稅金過高，我們就會開始思考有沒有能夠降低稅金的方法。雖然這部分聽起來好像現在與自己無關，但只要長期投資，每個人都會遇到這個問題，所以最好事先了解。

投資海外股票節稅的方法有兩種，第一種是每年持續賣出 250 萬韓圓，持續使用 250 萬韓圓的免稅收益。我們操作長期投資的時候，偶爾會發生直接放棄每年 250 萬免稅額的情況，但假如五年之後獲利 1250 萬韓圓，扣除掉 250 萬的免稅額，其餘 1000 萬都必須支付 22％的轉讓稅，金額高達 220 萬韓圓。但假如這五年來，我們每年總共賣出四次 250 萬韓圓的股票後再買

進，就可以每年都享受免稅優惠。所以第五年的獲利也僅剩下250萬韓圓，又可以再次享受免稅優惠，就不需要繳納稅金。所以希望各位不要白白浪費每年都可以享受到的稅金優惠。

第二種方法是贈與給子女或配偶，我們十年內可以在不支付稅金的情況下，贈與配偶6億韓圓、成人子女與直系親屬5000萬韓圓、未成年子女2000萬韓圓。贈與時的股價估值是以贈與當天的前後兩個月收盤價均值做計算，贈與的時候不是以買進的單價計算，而是以估值進行贈與。假如單純為了逃稅而贈與，萬一被揭發有可能會受罰，提供給各位參考。

Q7 ETF 也會被下市嗎？

ETF 也會因為各種因素而被下市。以韓國國內的 ETF 舉例來說，假如一年內的資本未達50億韓圓，單日平均交易金額未滿500萬韓圓，就會被列為變更交易股。接下來會進入六個月的觀察期，假如資本與交易金額有所增加，ETF 就可以繼續上市，如果沒能增加就會被下市。

但是 ETF 與股票不同，即便被下市，我們的所投資的資金也不會消失。ETF 下市與企業股價無關，假如 ETF 還正在獲

利，就可以回收資金，持續交易到下市的最後一天。也就是說，ETF 即便下市，我們也不會吃虧。但即便如此，資本較高 ETF 的還是比較安全。此外，比起國內的 ETF，因為全球 ETF 的規模較大，所以風險較低。

Q8 幾點的時候買進 ETF 比較好？

ETF 並沒有幾點的時候買進比較好的公式，但是 ETF 的管理負責人會有一段時間不需要義務提出報價，各位可以作為參考。ETF 管理負責人之所以不提出報價，就代表股價可能會出現大幅的變動和漲跌。這段時間很難用適當的股價進行交易，最好避開。以韓國來說，開盤前（08：00～09：00）、開盤後五分鐘（09：00～09：05）、收盤前集合競價（15:20～15:30），最好要避開這個三個時間段買進股票。補充一點，TIGER 中國電動車 SOLACTIVE ETF 是一檔投資中國企業的 ETF，在 10 點 30 分中國股市開盤的時候，波動性會比較大，最好避開這段時間。

Q9　韓國的年金儲蓄可以存多少錢？

年金儲蓄最高可以獲得 400 萬韓圓的免稅優惠，但是 400 萬韓圓並不是最高繳納金額。無關免稅優惠，如果想要繼續投資年金儲蓄的話，最高可以繳納 1800 萬韓圓。

Q10　轉讓所得稅的計算方法是什麼？

投資海外股票與 ETF 所產生的收益需要支付稅金。股息的部分適用 15% 的股利所得稅，但是收益的部分會先扣除稅金之後再入帳，所以我們不需要另外計算。但是行情利差所產生的收益，就必須要直接申報轉讓所得稅。

舉例來說，假如我們獲利 750 萬韓圓，基本免稅額 250 萬韓圓以內的部分不需要支付稅金。所以 750 萬扣除掉 250 萬後，其中 500 萬韓圓需要支付稅金。稅率的部分為 22%，因此需要支付 121 萬韓圓的轉讓稅，大部分的韓國證券公司都有提供代繳的服務，只要在年初申請就可以了。

Q11 有沒有可以放著不管，就會自動幫我投資的股票？

把投資 ETF 獲得的股利再拿來投資，我們稱作複利滾存，在這種情況下，每三個月或一年發放股利的時候，就必須要加碼 ETF。如果覺得這件事情很麻煩，希望有人代為操盤，韓國國內也有 TR 商品。TR 是 Total Return 的縮寫，是會自動將股利進行再投資的商品。如果要選一檔商品來介紹，就是 KODEX 美國 S&P500TR，從股票名稱的 TR 就可以得知，這檔商品會自動將股利再投資。假如股息太少，很難進行再投資的話，選擇 TR 商品會對複利投資帶來幫助。

Q12 投資 ETF 的話，就可以不做企業分析嗎？

投資 ETF 終究還是在投資企業，當然還是要做企業相關的研究。舉例來說，如果投資 QQQ，就必須要看一下那斯達克 100 指數裡的企業有哪些，了解各個產業比例的多寡。如果投資像 SKYY 這類的主題型 ETF，還必須要了解相關的產業發展進度與市場規模。

Q13 如果只選一檔投資，要選擇投資哪一檔 ETF ？

如果只能買一檔 ETF，你會買哪一檔，這個問題也真的是很常被問到。這個時候我都毫不猶豫地回答，追蹤 S&P500 指數的 VOO 與 IVV。

韓國的投資人普遍都和 QQQ 一樣，把焦點放在追蹤那斯達克 100 指數這種著墨於技術股的投資。但我認為投資最重要的是平衡。S&P500 是美國市場的標準指數，我認為選擇 S&P500 相關的商品，才是最合理的投資方向。

Q14 可以同時投資 QQQ 和 SPY 嗎？

QQQ 是追蹤那斯達克 100 指數的技術股投資型 ETF，SPY 是追蹤 S&P500 指數的美國市場投資型 ETF，兩者重複的企業相當多，重複的企業約莫有 80 家，因此對 QQQ 的投資人而言，等於是重複投資了 80％以上。但假如我想要在投資美國整體市場的同時，提高技術股的投資比例，同時投資 QQQ 與 SPY 也是很好的投資策略。重複投資不一定就是壞事，分散投資也不一定就是好事，建立適合自己的投資策略才最重要。

Q15 ETF 的分配收益（股息）怎麼計算？

ETF 的分配收益跟一般股票的股息很類似。企業透過經營事業獲利的話，就會將利潤的一部分，以現金或股票的形式發放給股東。ETF 在資本資產有獲利的時候，就會把收益返還給投資者，被稱為是分配收益。

股票型 ETF 會以企業發放的股利來發放分配收益，債券型 ETF 的分配收益則是利息。由於 ETF 與企業發放股利的週期不同，所以會由 ETF 自行決定週期，統一發放。

分配收益，是以 ETF 成分股的股利為基礎來發放，因此會根據企業的配息產生變化。配息型 ETF 有投資連續五年以上調漲配息之企業的 DGRO、投資十年以上股息成長企業的 SCHD、投資連續二十五年以上有調漲股息之企業的 NOBL。

Q16 可以投資 QQQM 取代投資 QQQ 嗎？

QQQ 是追蹤那斯達克 100 指數的 ETF，QQQM 也同樣是追蹤那斯達克 100 指數的 ETF，所以報酬率跟 QQQ 相同，甚至這兩檔 ETF 都是出自於同一家管理公司的商品。但是，為什麼要推出兩個一樣的商品呢？答案就在於買進的單價。

QQQ 每股價值 43 萬韓圓左右；反之，QQQM 每股僅有 17 萬韓圓左右，單價差了兩倍以上。由於 QQQ ETF 的單價過高，散戶難以投資。本書在建立投資組合的時候，也是基於相同原因，所以使用了 QQQM，這也是為什麼 QQQM 會出現的原因。QQQM 的上市日期是 2020 年 10 月 13 日，時間並不長。為了解決現有 ETF 手續費過高的不滿，QQQM 的手續費也便宜了 0.05％，為 0.15％。SPLG 也是出於相同原因，被推出來取代 SPY。

Q17 投資 ETF 的時候要注意什麼嗎？

ETF 不是直接投資企業，追蹤指數的 ETF 占大多數；所以，比起重視個別企業的業績，我們更應該注意三個產品本身的風險。

首先是流動性風險。假如交易量不足的話，有可能會出現得要用低於買進的價格賣出股票，才能回收投資本金的情況。所以，我們應該選擇資產規模較大且交易量活躍的 ETF。

第二點是追蹤誤差的風險。假如 ETF 無法確實反應它所追蹤的指數，那麼這個商品存在的理由就有點曖昧不清了吧？所

以追蹤指數的誤差值多寡非常重要，這是 ETF 管理公司的職責所在，也是評估該管理公司能力的標準。

最後一點是下市的風險。Q7 我已經回答過關於下市的問題，但與其說是下市本身的風險，不如說是當中存在著資金可能因此被套牢的風險。

Q18 什麼時候換匯比較好？

換匯也是經常收到的問題之一，匯率 1200 韓圓的時候問「現在匯率是不是太高？」，匯率 1100 韓圓的時候問「匯率還會再跌嗎？」，這些問題屢見不鮮。雖然沒有正確答案，但是也應該要有個人標準吧？

2010 年 1 月 1 日～ 12 月 31 日的最高匯率是 1280 韓圓，最低匯率是 1008 韓圓，匯率大部分都在 1000 ～ 1200 韓圓之間波動。我個人把 1130 韓圓設定為標準，如果匯率低於標準，就會分幾天換匯。此外，假如我正在投資的 ETF 突然因為一些外部因素股價大幅走跌，我就會立刻換匯進行投資。這裡的重點在於，絕對不可以因為匯率，導致自己無法在 ETF 被低估時進行買進。QQQ 這五年來成長了 186％，不可以因為匯率

導致自己這五年來都無法換匯，對吧？就算換在最高點，也不過就是 10 ～ 20％的差異，但是企業與 ETF 的股價至少會產生二到十倍的差距。所以說比起匯率，深度觀察自己想投資的股票才更重要。

Q19 中國跟印度，投資哪一個比較好？

這種問題最讓我感到為難。老實說，我沒辦法說出哪一個比較好；不對，是我也不知道哪一個比較好。但是我自己認為，印度是比中國更具前瞻性的國家。目前中國的人口數雖然仍超越印度；但是從年齡金字塔上來看，印度 10 ～ 20 歲的人口數較多，中國則是 30 ～ 50 歲的人口數較龐大。再過十年的時間，中國會進入超高齡化社會，但是印度作為一個年輕的國家，肯定會進一步成長。所以我認為印度比中國更具未來性。我的意思不是說，印度的技術能力與資本可以超越中國，而是說在成長動能的方面上，印度相對來說更具吸引力。如果對投資印度有興趣的朋友，可以參考我的 YouTube 頻道「SUPE TV」，裡面也有投資印度相關 ETF 的影片。

Q20 有辦法用 ETF 投資比特幣嗎？

ETF 也可以投資比特幣，虛擬貨幣相關 ETF 總共有三檔。第一檔是 BITO，於 2021 年 10 月上市，是一檔投資比特幣期貨的 ETF。BITO 是第一檔在美國上市的比特幣相關 ETF，受到各界關注，但上市之後，因比特幣表現不佳，所以報酬率不太好。總費用率是 0.95%，也稍微偏高，提供給各位參考。

第二檔是投資區塊鏈開發企業的 ETF —— BLOK，總費用率是 0.71%，成分股數量為 48 檔。

最後一檔 BLCN ETF 所投資的是區塊鏈開發、研究，以及提供區塊鏈服務的公司。BLOK 與 BLCN 都不是直接投資比特幣，而是投資虛擬貨幣相關企業的商品，於 2018 年同時上市。

後記

打造屬於你的
健康投資

　　史上第一檔 ETF，同時也是規模最大 ETF ── SPY 在
1993 年上市。當時的主流認為，投資一個指數的所有成分股並
不是真正的投資，所以 ETF 總是遭到冷落。但是三十年過後的
現在，許多案例與經驗都證實了 ETF 投資的價值所在。

　　美國近十年來，戰勝 S&P 500 指數的避險基金只有
16.9％。世界名門大學畢業，進行大量資訊和複雜研究的避險
基金經理人中，十位有八位輸給了 S&P 500 指數。更何況是散

戶想要創造出超越 S&P 500 指數的報酬率，更是難上加難。反過來想，只要投資 S&P 500 指數 ETF，就可以成為報酬率上位圈的投資人。

但仍有許多人對於是否要投資 ETF 感到猶豫不決，原因在於 ETF 是適合長線投資的投資方式。投資持續的時間愈長，就愈會開出美麗的花朵。建立一個適合自己的投資組合，持續執行再平衡，不要受到外界的誘惑，長時間投資下來，你一定可以體驗到超乎想像的資產積累經驗。

投資人大部分都知道，在腦海中建立一個好的投資組合，長期投資下來就可以獲得好的成績，但是卻會受到想在短期內大幅獲利積累資產的慾望影響，導致自己無法遵守紀律，也就是說，長期投資是一個漫長且辛苦的旅程。

所以說，我跟和我有一樣心情的人，在 2022 年 1 月一起開始執行了「Supe Challenge」，這是一個減少平時無意間的小額消費，每週買一股美國指數追蹤型 ETF，從中創造鉅額財富的挑戰。每週省下三杯咖啡的錢，拿 1 萬 3000 韓圓投資 S&P 500 三十年的話，就可以累積下 2 億 1500 萬元的鉅款，複利的力量就是如此強大。

就像「一群人走得快，但一群人走得遠」這句話所述，SUPE Challenge 是為了讓更多人可以持續不懈地一起投資，希望大家都可以成為彼此的朋友或同事。在你閱讀本書時，這個挑戰也仍然在持續進行著。每週五，很多人都會在名為「Supe Village」的 Naver Café 上傳認證照。

　　除了咖啡錢以外，還有人宣布要戒菸、減少飲酒、午餐用沙拉取代等，用這些錢來投資，參與 Supe Challenge 的許多投資人，都做出了減少不良習慣，照顧健康並增加資產的好選擇。

　　本書撰寫的目的，是為了幫助不知道怎麼開始第一次投資，或是想要摒棄過去的壞習慣並重新開始投資的人。本書裡收錄了身為投資人不能不知道的健康投資方法。領跑人（pacemaker）是來幫助不擅長跑馬拉松的人得以順利完賽的人；各位只要把我當作是你的投資領跑人，就可以了。

　　我已經設定好自己的投資目標與方法了，你也試著一起跑跑看吧。不管是用走的或是用跑的都可以，只要不停歇，跟著本書一起長跑下去，總有一天，你會成為自己的領跑人。只要你藉此養成投資的習慣，就可以架構出本書所要傳達的「屬於

我自己的投資組合」，接著你就可以用輕鬆的心情，不受動搖地進行投資。

　　ETF 在韓國的歷史並不長。二十年前，2002 年 ETF 才首度出現在韓國市場上，所以說，從現在開始，絕對為時不晚。邀請你一起參與未來 ETF 即將寫下的歷史，希望這本書可以成為你的領跑人，直到你愉快地完成投資生涯為止。衷心希望你投資成功。

宋民燮（SUPE TV）

" ETF 是適合長線投資的投資方式。

投資持續的時間愈長，就愈會開出美麗的花朵。

建立一個適合自己的投資組合，持續執行再平衡，

不要受到外界的誘惑，長時間投資下來，

你一定可以體驗到超乎想像的資產積累經驗。 "

── 宋民變

附錄 1. ETF 資產規模 TOP 100 排行
（紫色字體為本書中有提及的 ETF，基準日：2022.3.4）

序號	股票代號	名稱	管理公司	總費用率	管理資產規模（美元）
1	SPY	SPDR S&P 500 ETF Trust	道富集團	0.09%	3964.6 億
2	IVV	iShares Core S&P 500 ETF	貝萊德	0.03%	3180.6 億
3	VTI	Vanguard Total Stock Market ETF	先鋒領航	0.03%	2803.3 億
4	VOO	Vanguard S&P 500 ETF	先鋒領航	0.03%	2782.9 億
5	QQQ	Invesco QQQ Trust Series 1	Invesco	0.2%	1829.7 億
6	VEA	Vanguard FTSE Developed Markets ETF	先鋒領航	0.05%	1049.7 億
7	VTV	Vanguard Value ETF	先鋒領航	0.04%	994.7 億
8	IEFA	iShares Core MSCI EAFE ETF	貝萊德	0.07%	985.3 億
9	AGG	iShares Core U.S. Aggregate Bond ETF	貝萊德	0.04%	871.8 億
10	BND	Vanguard Total Bond Market ETF	先鋒領航	0.04%	819.9 億
11	VUG	Vanguard Growth ETF	先鋒領航	0.04%	791.4 億
12	VWO	Vanguard FTSE Emerging Markets ETF	先鋒領航	0.08%	789.0 億
13	IEMG	iShares Core MSCI Emerging Markets ETF	貝萊德	0.11%	724.3 億
14	IJR	iShares Core S&P Small-Cap ETF	貝萊德	0.06%	718.3 億
15	IWF	iShares Russell 1000 Growth ETF	貝萊德	0.19%	683.9 億
16	IJH	iShares Core S&P Mid-Cap ETF	貝萊德	0.05%	651.7 億
17	GLD	SPDR Gold Trust	道富集團	0.4%	651 億

18	VIG	Vanguard Dividend Appreciation ETF	先鋒領航	0.06%	643.5 億
19	IWM	iShares Russell 2000 ETF	貝萊德	0.19%	604.5 億
20	IWD	iShares Russell 1000 Value ETF	貝萊德	0.19%	568.5 億
21	VO	Vanguard Mid-Cap ETF	先鋒領航	0.04%	534 億
22	EFA	iShares MSCI EAFE ETF	貝萊德	0.32%	526.4 億
23	VXUS	Vanguard Total International Stock ETF	先鋒領航	0.07%	513.3 億
24	VGT	Vanguard Information Technology ETF	先鋒領航	0.1%	487.1 億
25	VB	Vanguard Small-Cap ETF	先鋒領航	0.05%	473.7 億
26	BNDX	Vanguard Total International Bond ETF	先鋒領航	0.07%	467.8 億
27	VCIT	Vanguard Intermediate-Term Corporate Bond ETF	先鋒領航	0.04%	466.6 億
28	XLK	Technology Select Sector SPDR Fund	道富集團	0.1%	457.7 億
29	XLF	Financial Select Sector SPDR Fund	道富集團	0.1%	453.8 億
30	VNQ	Vanguard Real Estate ETF	先鋒領航	0.12%	453.3 億
31	VYM	Vanguard High Dividend Yield ETF	先鋒領航	0.06%	434.2 億
32	ITOT	iShares Core S&P Total U.S. Stock Market ETF	貝萊德	003%	432.6 億
33	VCSH	Vanguard Short-Term Corporate Bond ETF	先鋒領航	0.04%	421.3 億
34	BSV	Vanguard Short-Term Bond ETF	先鋒領航	0.05%	389.9 億
35	XLE	Energy Select Sector SPDR Fund	道富集團	0.1%	371.5 億
36	TIP	iShares TIPS Bond ETF	貝萊德	0.19%	351.7 億

37	LQD	iShares iBoxx USD Investment Grade Corporate Bond ETF	貝萊德	0.14%	348.6 億
38	SCHD	Schwab U.S. Dividend Equity ETF	嘉信理財集團	0.06%	344.5 億
39	VEU	Vanguard FTSE All-World ex-US ETF	先鋒領航	0.07%	343.1 億
40	IVW	iShares S&P 500 Growth ETF	貝萊德	0.18%	341.7 億
41	XLV	Health Care Select Sector SPDR Fund	道富集團	0.1%	341.1 億
42	SCHX	Schwab U.S. Large-Cap ETF	嘉信理財集團	0.03%	328.8 億
43	RSP	Invesco S&P 500 Equal Weight ETF	Invesco	0.2%	327 億
44	IAU	iShares Gold Trust	貝萊德	0.25%	312.2 億
45	IXUS	iShares Core MSCI Total International Stock ETF	貝萊德	0.09%	306.1 億
46	IWR	iShares Russell Mid-Cap ETF	貝萊德	0.19%	294 億
47	DIA	SPDR Dow Jones Industrial Average ETF Trust	道富集團	0.16%	293.9 億
48	IWB	iShares Russell 1000 ETF	貝萊德	0.15%	292.7 億
49	SCHF	Schwab International Equity ETF	嘉信理財集團	0.06%	276.8 億
50	EEM	iShares MSCI Emerging Markets ETF	貝萊德	0.68%	272.9 億
51	USMV	iShares MSCI USA Min Vol Factor ETF	貝萊德	0.15%	271.9 億
52	VBR	Vanguard Small-Cap Value ETF	先鋒領航	0.07%	269.5 億
53	VV	Vanguard Large-Cap ETF	先鋒領航	0.04%	264.3 億
54	VT	Vanguard Total World Stock ETF	先鋒領航	0.07%	251.3 億

55	IVE	iShares S&P 500 Value ETF	貝萊德	0.18%	247.5 億
56	MUB	iShares National Muni Bond ETF	貝萊德	0.07%	241.9 億
57	MBB	iShares MBS ETF	貝萊德	0.04%	238.4 億
58	ESGU	iShares ESG Aware MSCI USA ETF	貝萊德	0.15%	238.1 億
59	DGRO	iShares Core Dividend Growth ETF	貝萊德	0.08%	228 億
60	IGSB	iShares 1-5 Year Investment Grade Corporate Bond ETF	貝萊德	0.06%	223.9 億
61	SCHB	Schwab U.S. Broad Market ETF	嘉信理財集團	0.03%	222.4 億
62	QUAL	iShares MSCI USA Quality Factor ETF	貝萊德	0.15%	221.4 億
63	SHY	iShares 1-3 Year Treasury Bond ETF	貝萊德	0.15%	214.6 億
64	SCHP	Schwab U.S. TIPS ETF	嘉信理財集團	0.05%	207 億
65	DVY	iShares Select Dividend ETF	貝萊德	0.39%	206.7 億
66	VGK	Vanguard FTSE Europe ETF	先鋒領航	0.08%	206.2 億
67	SDY	SPDR S&P Dividend ETF	道富集團	0.35%	204.9 億
68	MDY	SPDR S&P Midcap 400 ETF Trust	道富集團	0.22%	200.3 億
69	XLY	Consumer Discretionary Select Sector SPDR Fund	道富集團	0.1%	195.9 億
70	VTIP	Vanguard Short-Term Inflation-Protected Securities ETF	先鋒領航	0.04%	191.5 億
71	JPST	JPMorgan Ultra-Short Income ETF	JP 摩根大通	0.18%	187.8 億
72	ACWI	iShares MSCI ACWI ETF	貝萊德	0.32%	186.7 億

73	IEF	iShares 7-10 Year Treasury Bond ETF	貝萊德	0.15%	185.9 億
74	IUSB	iShares Core Total USD Bond Market ETF	貝萊德	0.06%	182.3 億
75	PFF	iShares Preferred and Income Securities ETF	貝萊德	0.46%	179.4 億
76	TQQQ	ProShares UltraPro QQQ	ProShares	0.95%	170.2 億
77	GOVT	iShares U.S. Treasury Bond ETF	貝萊德	0.05%	167.8 億
78	HYG	iShares iBoxx USD High Yield Corporate Bond ETF	貝萊德	0.48%	165.4 億
79	VHT	Vanguard Health Care ETF	先鋒領航	0.1%	164.8 億
80	XLI	Industrial Select Sector SPDR Fund	道富集團	0.1%	164.1 億
81	VOE	Vanguard Mid-Cap Value ETF	先鋒領航	0.07%	164 億
82	EMB	iShares JP Morgan USD Emerging Markets Bond ETF	貝萊德	0.39%	164 億
83	EFV	iShares MSCI EAFE Value ETF	貝萊德	0.39%	163.8 億
84	SCHA	Schwab U.S. Small-Cap ETF	嘉信理財集團	0.04%	161.6 億
85	XLP	Consumer Staples Select Sector SPDR Fund	道富集團	0.1%	159.5 億
86	SHV	iShares Short Treasury Bond ETF	貝萊德	0.15%	158 億
87	VXF	Vanguard Extended Market ETF	先鋒領航	0.06%	157.2 億
88	TLT	iShares 20+ Year Treasury Bond ETF	貝萊德	0.15%	156.3 億
89	SCHG	Schwab U.S. Large-Cap Growth ETF	嘉信理財集團	0.04%	156.1 億
90	IWN	iShares Russell 2000 Value ETF	貝萊德	0.24%	148.7 億

附錄

91	DFAC	Dimensional U.S. Core Equity 2 ETF	象限基金顧問	0.19%	148.3 億
92	IWS	iShares Russell Mid-Cap Value ETF	貝萊德	0.23%	147.6 億
93	VTEB	Vanguard Tax-Exempt Bond ETF	先鋒領航	0.05%	145.4 億
94	GDX	VanEck Gold Miners ETF	VanEck	0.52%	144.7 億
95	VMBS	Vanguard Mortgage-Backed Securities ETF	先鋒領航	0.04%	143.8 億
96	BIL	SPDR Bloomberg 1-3 Month T-Bill ETF	道富集團	0.14%	143.4 億
97	VBK	Vanguard Small-Cap Growth ETF	先鋒領航	0.07%	142.8 億
98	SPYV	SPDR Portfolio S&P 500 Value ETF	道富集團	0.04%	142.6 億
99	BIV	Vanguard Intermediate-Term Bond ETF	先鋒領航	0.05%	140.9 億
100	MINT	Enhanced Short Maturity Active ETF	PIMCO	0.35%	140.4 億

附錄 2. 主題式 ETF 總整理（基準日：2022.3.4）

序號	主題	股票代號	名稱	管理公司	總費用率	管理資產規模（美元）
1	半導體	SOXX	iShares Semiconductor ETF	貝萊德	0.43%	89 億
2		XSD	SPDR S&P Semiconductor ETF	道富集團	0.35%	13 億
3		SMH	VanEck Semiconductor ETF	VanEck	0.35%	87.2 億
4		PSI	Invesco Dynamic Semiconductors ETF	Invesco	0.56%	7.8 億
5	雲端	SKYY	First Trust Cloud Computing ETF	First Trust	0.6%	52.3 億
6		CLOU	Global X Cloud Computing ETF	Global X	0.68%	8.8 億
7		WCLD	WisdomTree Cloud Computing Fund	智慧樹投資	0.45%	8.6 億
8	網路安全	CIBR	First Trust NASDAQ Cybersecurity ETF	First Trust	0.6%	59.6 億
9		HACK	ETFMG Prime Cyber Security ETF	ETFMG	0.6%	20.9 億
10		IHAK	iShares Cybersecurity and Tech ETF	貝萊德	0.47%	5.9 億
11	綠色能源	ICLN	iShares Global Clean Energy ETF	貝萊德	0.42%	50.8 億
12		PBW	Invesco WilderHill Clean Energy ETF	Invesco	0.61%	11.2 億
13		QCLN	First Trust NASDAQ Clean Edge Green Energy Index Fund	First Trust	0.6%	21.9 億

14	碳中和	KRBN	KraneShares Global Carbon Strategy ETF	KraneShares	0.79%	14.5 億
15		TAN	Invesco Solar ETF	Invesco	0.69%	23.2 億
16		LIT	Global X Lithium & Battery Tech ETF	Global X	0.75%	48.2 億
17	人工智慧	AIEQ	AI Powered Equity ETF	ETFMG	0.75%	1.4 億
18		BOTZ	Global X Robotics & Artificial Intelligence ETF	Global X	0.68%	21.3 億
19		KOMP	SPDR S&P Kensho New Economies Composite ETF	道富集團	0.2%	18.4 億
20	遊戲	ESPO	VanEck Video Gaming and eSports ETF	VanEck	0.55%	4.7 億
21		HERO	Global X Video Games & Esports ETF	Global X	0.5%	3.5 億
22		GAMR	Wedbush ETFMG Video Game Tech ETF	ETFMG	0.75%	8.5 億
23	航太	ARKX	ARK Space Exploration & Innovation ETF	方舟投資	0.75%	4 億
24		ROKT	SPDR S&P Kensho Final Frontiers ETF	道富集團	0.45%	2,057 萬
25		UFO	Procure Space ETF	ProcureAM	0.75%	9,094 萬

26		VNQ	Vanguard Real Estate ETF	先鋒領航	0.12%	453.3 億
27	REITs	SCHH	Schwab U.S. REIT ETF	嘉信理財集團	0.07%	676 萬
28		SRVR	Pacer Benchmark Data & Infrastructure Real Estate SCTR ETF	Pacer	0.6%	13.7 億
29	5G 通訊	FIVG	Defiance Next Gen Connectivity ETF	Defiance	0.3%	11.6 億
30		NXTG	First Trust Indxx NextG ETF	First Trust	0.7%	9.5 億

出處

第一章

表 4.
https://kosis.kr/statHtml/statHtml.do?orgId=101&tblId=DT_2AQ504&vw_
cd=&list_id=&seqNo=&lang_mode=ko&language=kor&obj_var_id=&itm_
id=&conn_path=

第二章

表 7.
https://etfdb.com/etfs/issuers/#issuer-power-rankings__aum&sort_name=fund_
flow_ position&sort_order=asc&page=1

第三章

圖 1, 圖 3 〜 7, 圖 9.
https://www.etf.com/

圖 2.
https://etfdb.com/

圖 8.
https://www.invesco.com/qqq-etf/en/about.html

圖 10.
https://finance.naver.com

圖 11.
https://finance.naver.com/item/main.naver?code=133690

圖 12.

https://investments.miraeasset.com/fund/list.do?searchText=TIGER+%EB%AF%B8%EA%B5%AD%EB%82%98%EC%8A%A4%EB%8B%A5100

圖 13 ～ 14.

https://www.tigeretf.com/ko/product/search/detail/index.
do?ksdFund=KR7133690008

第四章

表 12.

https://www.ssga.com/us/en/intermediary/etfs/funds/spdr-dow-jones-industrial-average- etf-trust-dia

表 13.

https://www.ssga.com/us/en/intermediary/etfs/funds/spdr-dow-jones-industrial-average- etf-trust-dia

表 14.

https://www.invesco.com/qqq-etf/en/about.html

表 16.

https://investor.vanguard.com/etf/profile/VOO

表 17.

https://www.ishares.com/us/products/239710/ishares-russell-2000-etf

第五章

表 18.

https://investor.vanguard.com/etf/profile/VNQ

圖 25.

Gerd Fahrenhorst, CC BY 4.0 <https://creativecommons.org/licenses/by/4.0>, via Wikimedia Commons

表 20.

https://investor.vanguard.com/etf/profile/VIG

表 22.

https://www.schwabassetmanagement.com/products/schd#portfolio

表 24.

https://www.invesco.com/us/financial-products/etfs/holdings?audienceType=Investor&tick er=SPHD

表 26.

https://investor.vanguard.com/etf/profile/VEA

第七章

表 32.

https://www.ishares.com/us/products/239705/ishares-phlx-semiconductor-etf

表 34.

https://www.etf.com/SKYY#overview

表 36.

https://www.ishares.com/us/products/286007/ishares-esg-aware-msci-usa-etf

表 37.

https://www.roundhillinvestments.com/etf/metv/

表 39.

https://www.etf.com/ARKK

表 41.

https://www.etf.com/CIBR#overview

國家圖書館出版品預行編目 (CIP) 資料

我的第一個賺錢 ETF 投資組合：布局美股、全球 ETF，最強懶人投資法，被動收入穩穩賺 / 宋民燮 (SUPE TV) 著；蔡佩君譯. -- 初版.
-- 新北市：新樂園，遠足文化，2023.10
256 面；14.8 × 21 公分. -- (Top；023)
譯自：나의 첫 ETF 포트폴리오

ISBN 978-626-97052-7-6(平裝)

1.CST：基金 2.CST：投資

563.5   112015664

TOP
023

我的第一個賺錢 ETF 投資組合
布局美股、全球 ETF，最強懶人投資法，被動收入穩穩賺
나의 첫 ETF 포트폴리오

作　　　　者	宋民燮（SUPE TV）
譯　　　　者	蔡佩君
責 任 編 輯	魏珮丞
封 面 設 計	Dinner
排　　　　版	JAYSTUDIO
總 　編 　輯	魏珮丞
出　　　　版	新樂園出版／遠足文化事業股份有限公司
	客服信箱：nutopia@bookrep.com.tw
發　　　　行	遠足文化事業股份有限公司（讀書共和國集團）
地　　　　址	231 新北市新店區民權路 108-2 號 9 樓
郵 撥 帳 號	19504465 遠足文化事業股份有限公司
電　　　　話	（02）2218-1417
信　　　　箱	nutopia@bookrep.com.tw
法 律 顧 問	華洋法律事務所 蘇文生律師
印　　　　製	呈靖印刷
出 版 日 期	2023 年 10 月 18 日初版一刷
定　　　　價	480 元
I　S　B　N	978-626-97052-7-6
書　　　　號	1XTP0023

나의 첫 ETF 포트폴리오
(My First ETF Portfolio)
Copyright © 2022 by 송민섭 (SONG MIN SUB, 宋民燮)
All rights reserved.
Complex Chinese Copyright © 2023 by NUTOPIA PUBLISHING, A DIVISION OF WALKERS
CULTURAL ENTERPRISE LTD.
Complex Chinese translation Copyright is arranged with TORNADO MEDIA GROUP
through Eric Yang Agency

特別聲明：有關本書中的言論內容，不代表本公司 /
出版集團之立場與意見，文責由作者自行承擔。

新 樂 園
Nutopia

· 新樂園粉絲專頁 ·